禪七開示

虛雲老和尚

一九五三年 上海玉佛寺

參禪

虛雲老和尚禪七開示

目錄

弁言

虛雲老和尚（一八四〇—一九五九），近代中國佛教著名的僧人，經歷清末義和團、民初北伐、對日抗戰、解放初期反右鬥爭等重大歷史事件，他的傳法弟子、學生、歸依居士，遍及朝野，值此中國佛教恢復之際，虛雲老和尚的禪法依舊是當代中國佛教的主流之一。

從一九五一年雲門春戒期間的「雲門事變」，至一九五九年秋示寂入滅，虛雲老和尚為不令佛法斷絕，仍持續主持精進禪七、建寺安僧、傳戒開示，縱使面臨建國初期鎮壓反革命舊勢力的嚴峻形勢，他也卸下「坐閱五帝四朝」的帝王師氣派，力斥僧人妄自毀戒的提議，務期保留三寶種性。

虛雲老和尚在入滅前曾說：「我近十年來，含辛茹苦，日在危疑震憾之中，受謗受屈，我都甘心。祇想為國內保存佛祖道場，為寺院守祖德清規，為一般出家人保存此一領大衣。即此一領大衣，我是拼命爭回的。你各人今日皆為我入室弟子，是知道經過的。你們此後如有把茅蓋頭，或應住四方，須堅持保守此一領大衣。但如何能夠永久保守呢？祇有一字，曰：『戒。』」

這是虛雲禪法最佳的註腳。

值此盛世中國，禪法的形式主義、宗派作風滋長之際，重新省視虛雲老和尚最後十年的禪七法語與方便開示，就有了亙古長新的特殊涵義；為此，我們彙編整理了虛雲老和尚這段時期的開示，在岑學呂原有文本的基礎上，添加現代標點與行文間的次標題，並略加修飾語助詞、校正專有名相，名為「參禪—虛雲老和尚禪七開示」，書中如有不足或錯謬之處，尚祈識者指正。

方廣編輯部謹誌

虛雲老和尚略傳

一八四〇年：中英鴉片戰爭。俗姓蕭，生於福建泉州，母亡，由庶母王氏撫養。
一八五六年：父逼其與田、譚二氏完婚，同居而無染。
一八五八年：至福州鼓山湧泉寺，禮常開老人披剃。
一八五九年：依妙蓮和尚圓授具足戒，名古巖，又名演徹，字「德清」。
一八六〇年：居山洞禮懺。
一八八二年：報母恩，朝禮五台。
一八九五年：在揚州高旻寺參禪，心有所悟。
一九〇〇年：義和團事起，八國聯軍陷北京，住北京龍泉寺，隨光緒帝、慈禧太后西行。後隱居終南山，改號「虛雲」。
一九〇四年：居雲南雞足山，重修鉢盂庵。
一九〇五年：前往南洋弘法。
一九一一年：辛亥革命，統兵官派兵圍雞足山，後引兵退去。
一九一二年：清帝退位，中華民國成立。
一九二〇年：重修昆明西山華亭寺。
一九二九年：任鼓山涌泉寺住持，創辦佛學院。
一九三五年：往廣東韶關，修復禪宗六祖祖庭南華寺。
一九四四年：重修廣東韶關禪宗祖庭雲門寺。
一九五〇年：中華人民共和國成立，在雲門寺主持精進禪七，並赴南華寺傳戒。
一九五一年：春戒期中，發生「雲門事變」，被嚴刑毆打，命幾喪亡，畢生講經作品全毀，開始口授自傳年譜。

一九五三年：任中國佛教協會第一屆名譽會長。

一九五三年：重修江西雲居山眞如禪寺。

一九五九年：農曆九月十二日，圓寂於雲居山茅蓬。

初七第一日（二月二十二日）

參話頭就是要參這「誰」字

這裡的大和尚（葦舫法師）很慈悲！各位班首師父的辦道心切，加以各位大居士慕道情殷，大家發心來打靜七，要虛雲來主七，這也可說是一種殊勝因緣。祇以我年來患病不能多講，世尊說法四十餘年，顯說密說，言教已有三藏十二部之多，要我來說，也不過是拾佛祖幾句剩話。

至於宗門下一法，乃佛末世陞座，拈大梵天王所獻金檀木花示眾，是時座下人天大眾皆不識得，惟有摩訶迦葉破顏微笑。世尊乃曰：「吾有正法眼藏，涅槃妙心，實相無相，咐囑於汝。」此乃教外別傳，不立文字，直下承當之無上法門。後人籠統，目之爲禪。須知《大般若經》中所舉出之禪，有二十餘種之多，皆非究竟。惟宗門下的禪，不立階級，直下了當。見性成佛之無上禪，有甚打七不打七呢？祇因眾生根器日鈍，妄念多端，故諸祖特出方便法而攝受之。

此宗相繼自摩訶迦葉以至如今，有六、七十代了。在唐宋之時，禪風遍天下，何等昌盛！現在衰微已極，惟有金山、高旻、寶光等處，撐持門戶而已。所以現在宗門下的人才甚少，就是打七，大都名不符實。昔者七祖青原行思問六祖曰：「當何所務，即不落階級？」祖曰：「汝曾作甚麼來？」思曰：「聖諦亦不爲。」祖曰：「落何階級？」思曰：「聖諦尚不爲，何階級之有？」六祖深器之。現在你我根器劣弱，諸大祖師不得不假方便，教參一句話頭。宋朝以後念佛者多，諸大祖師乃教參「念佛是誰」。現在各處用功的都照這一法參究，可是許多人仍是不得明白。把這句「念佛是誰」的話頭放在嘴裡，不斷的念來念去，成了一個念話頭，不是參話頭了。

「參」者，參看義。故凡禪堂都貼著「照顧話頭」四字。

「照」者反照，「顧」者顧盼，即自反照自性。以我們一向向外馳求的心回轉來反照，才是叫「看話頭」。話頭者，「念佛是誰」就是一句話。這句話在未說的時候叫話頭，既說出就成話尾了。我們參話頭就是要參這「誰」字，未起時究竟是怎樣的？譬如我在這裡念佛，忽有一人問曰：「某甲，念佛的是『誰』啊？」我答曰：「念佛是我呀！」進曰：「念佛是你，你還是口念？還是心念？若是口念，你睡著時何以不念？若是心念，你死了爲何不念？」我們就是對這一問有疑。要在這疑的地方去追究它，看這話到底由哪裡而來？是甚麼樣子？微微細細的去反照、去審察，這也就是反聞自性。

在行香時，頸靠衣領，腳步緊跟前面的人走。心裡平平靜靜，不要東顧西盼，一心照顧話頭。在坐香時，胸部不要太挺，氣不要上提，也不要向下壓，隨其自然。但把六根門頭收攝起來，萬念放下。單單的照顧話頭，不要忘了話頭。

不要粗，粗了則浮起，不能落堂。不要細，細了則昏沈，就墮空亡，都得不到受用。如果話頭照顧得好，功夫自然容易純熟，習氣自然歇下。

初用功的人，這句話頭是不容易照顧得好的。但是你不要害怕，更不要想開悟或求智慧等念頭。須知打七就是爲的開悟，爲的求智慧。如果你再另以一個心去求這些，就是頭上安頭了。我們現在知道了，便只單提一句話頭，可以直截了當。如果我們初用功時，話頭提不起，你千萬不要著急。只要萬念情空，綿綿密密的照顧著。妄想來了，由它來。我總不理會它，妄想自然會息。所謂不怕念起，只怕覺遲。妄想來了，我總以覺照力盯著這句話頭。話頭若失了，我馬上就提起來。初次坐香好似打妄想，待時光久了，話頭會得力起來。這時候，你一枝香可以將話頭一提，就不會走失，那就有把握了。說的都是空話，好好用功吧！

初七第二日（二月二十三日）

修行如石中取火

「打七」這一法是剋期取證最好的一法。古來的人根器敏利，對這一法不常表現。到宋朝時始漸開闡，至清朝雍正年間，這一法更大興。雍正帝在皇宮裡也時常打七，他對禪宗是最尊重的。同時他的禪定也是非常的好，在他手裡悟道的有十餘人。揚州高旻寺的天慧徹祖也是在他會下悟道的。禪門下的一切規矩法則，皆由他大整一番，由是宗風大振。故人才也出了很多。所以規矩是非常要緊的。

這種剋期取證的法則，猶如儒家入考試場，依題目作文，依文取考，有一定的時間的。我們打七的題目，是名「參禪」。所以這個堂叫禪堂。「禪」者，梵語「禪那」，此名「靜慮」。而禪有大乘禪、小乘禪、有色禪、無色禪、聲聞禪、外道禪等。宗門下這一禪，謂之「無上禪」。如果有人在這堂中把疑情參透，把命根坐斷，那就是「即同如來」。故這禪堂又名「選佛場」，亦名「般若堂」。這堂裡所學的法，俱是無爲法。無者，無有作爲，即是說無一法可得，無一法可爲。若是有爲，皆有生滅。若有可得，便有可失。故經云：「但有言說，都無實義。」如誦經禮懺等，盡是有爲，都屬言教中的方便權巧。宗門下就是教你直下承當，用不著許多言說。

昔者有一學人參南泉老人。問：「如何是道？」曰：「平常心是道。」我們日常穿衣吃飯，出作入息，無不在道中行。祇因我們隨處縛著，不識自心是佛。

昔日大梅法常禪師初參馬祖，問：「如何是佛？」祖曰：「即心是佛。」師即大悟，遂禮辭馬祖，至四明梅子眞舊隱處，縛茆而居。唐貞元中，鹽官會下有僧，因采拄杖迷路至庵所。問：「和尚在此多少時？」師曰：「只見四山青又黃。」又問：「出山路向甚麼處去？」師曰：「隨流去。」僧歸，舉似鹽官。官曰：「我在江西曾見一僧，自後不知消息。莫是此僧否？」遂令僧去招之。大梅以偈答曰：「摧殘枯木倚寒林，幾度逢春不變心。樵客遇之猶不顧，郢人那得苦追尋。一池荷葉衣無盡，數樹松花食有餘。剛被世人知住處，又移茅舍入深居。」

馬祖聞師住山，乃令僧問：「和尚見馬大師得個甚麼，便住此山？」師曰：「大師向我道，即心是佛，我便這裡住。」僧曰：「大師近日佛法又別。」師曰：「作麼生？」僧曰：「又道非心非佛。」師曰：「這老漢惑亂人未有了日，任他非心非佛，我祇管即心是佛。」其僧回，舉似馬祖。祖曰：「梅子熟也。」

可見古來的人是如何了當和簡切，祇因你我根機陋劣，妄想太多。諸大祖師乃教參一話頭，這是不得已也。

永嘉祖師曰：「證實相，無人法，刹那滅卻阿鼻業。若將妄語誑眾生，自招拔舌塵沙劫。」高峰妙祖曰：「學人用功，好比將一瓦片，拋於深潭，直沈到底爲止。」我們看話頭，也要將一句話頭看到底，直至看破這句話頭爲止。妙祖又發願云：「若有人舉一話頭，不起二念。七天之中，若不悟道，我永墮拔舌地獄。」祇因我們信不實、行不堅，妄想放不下。假如生死心切，一句話頭絕不會隨便走失的。溈山祖師云：「生生若能不退，佛階決定可期。」

初發心的人總是妄想多，腿子痛，不知功夫如何用法。其實只要生死心切，咬定一句話頭，不分行住坐臥，一天到晚把「誰」字照顧得如澄潭秋月一樣，明明諦諦的，不落昏沈，不落掉舉，則何愁佛階無期呢！假如昏沈來了，你可瞠開眼睛，把腰稍提一提，則精神自會振作起來。這時候把話頭不要太鬆和太細，太細則易落空和昏沈。一落空只知一片清靜，覺得爽快。可是在這時候，這句話頭不能忘失，才能在竿頭進步，否則落空亡，不得究竟。如果太鬆，則妄想容易襲進，妄想一起，則掉舉難伏。所以在此時光，要粗中有細，細中有粗，方能使功夫得力，才能使動靜一如。

昔日我在金山等處跑香，維那催起香來，兩腳如飛，師父們眞是跑得。一句站板敲下，如死人一樣。還有甚麼妄想昏沈呢？像我們現在跑香相差太遠了。

諸位在坐時，切不要把這句話頭向上提，上提則便會昏沈。又不要橫在胸裡，如橫在胸裡，則胸裡會痛。也不要向下貫，向下貫則肚脹，便會落於陰境，發出種種毛病。只要平心靜氣，單單的把「誰」字如雞抱卵、如貓捕鼠一樣的照顧好。照顧得力時，則命根自會頓斷。這一法，初用功的同參道友，當然是不易的。但是你要時刻在用心。

我再說一比喻。修行如石中取火，要有方法，倘無方法，縱然任你把石頭打碎，火是取不出來的。這方法是要有一個紙煝和一把火刀，火煝按下在火石下面，再用火刀向火石上一擊，則石上的火就會落在火煝上。火煝馬上就能取出火來。這是一定的方法。

我們現在明知自心是佛，但是不能承認，故要借這一句話頭，做爲敲火刀。昔日世尊夜覩明星豁然悟道，也是如此。我們現在對這取火法則不知道，所以不明白自性。你我自性本是與佛無二，只因妄想執著不得解脫。所以佛還是佛、我還是我。你我今天知道這個法子，能夠自己參究，這是何等的殊勝因緣。希望大家努力，在百尺竿頭再進一步，都在這場中選出，可以上報佛恩，下利有情。佛法中不出人才，祇因大家不肯努力，言之傷心。假如深信永嘉和高峰妙祖對我們所發誓願的話，我們決定都能悟道。大家努力參吧！

初七第三日（二月二十四日）

祖師都是一棒打出來的

光陰快得很，才說打七，又過了三天。會用功的人，一句話頭照顧得好好的，甚麼塵勞妄念徹底澄清，可以一直到家。所以古人說：「修行無別修，只要識路頭。路頭若識得，生死一齊休。」我們的路頭，只要放下包袱，咫尺就是家鄉。六祖說：「前念不生即心，後念不滅即佛。」你我本來四大本空，五蘊非有。祇因妄念執著，愛纏世間幻法，所以弄得四大不得空，生死不得了。假如一念體起無生，則釋迦佛說的這些法門也用不著了。難道生死不會休嗎？是故宗門下這一法，眞是光明無量照十方。

昔日德山祖師，是四川簡州人，俗姓周，二十歲出家。依年受具，精究律藏。於性相諸經，貫通旨趣，常講《金剛般若》。時人謂之周金剛。嘗謂同學曰：「一毛呑海，性海無虧。纖芥投鋒，鋒利不動。學與無學，惟我知焉。」後聞南方禪席頗盛，師氣不平，乃曰：「出家兒，千劫學佛威儀，萬劫學佛細行，不得成佛。南方魔子，敢言直指人心，見性成佛。我當掃其窟穴，滅其種類，以報佛恩。」遂擔《青龍疏鈔》出蜀，至澧陽路上。見一婆子賣餅，因息肩買餅點心，婆指擔曰：「這個是甚麼文字？」師曰：「《青龍疏鈔》。」婆曰：「講何經？」師曰：「《金剛經》。」婆曰：「我有一問。你若答得，施與點心。若答不得，且別處去。《金剛經》云：『過去心不可得，現在心不可得，未來心不可得。』未審上座點那個心？」

師無語，遂往龍潭，至法堂曰：「久嚮龍潭，及乎到來，潭又不見，龍又不現。」潭引身而出曰：「子親到龍潭。」師無語，遂棲止焉。一夕，侍立次。潭曰：「更深，何不下去？」師珍重便出。卻回曰：「外面黑。」潭點紙燭度與師，師擬接，潭復吹滅，師於此大悟，便禮拜。潭曰：「子見個甚麼？」師曰：「從今向去，更不疑天下老和尚舌頭也。」至來日，龍潭陞座謂眾曰：「可中有個漢，牙如劍樹，口似血盆，一棒打不回頭。他時向孤峰頂上，立吾道去在。」師將《疏鈔》堆法堂前，舉火炬曰：「窮諸玄辯，若一毫置於太虛，竭世樞機，似一滴投於巨壑。」遂焚之。

於是禮辭，直抵溈山，挾複子上法堂。從西過東，從東過西，顧視方丈曰：「有麼有麼？」山坐次，殊不顧盼。師曰：「無無。」便出。至門首乃曰：「雖然如此，也不得草草。」遂具威儀，再入相見，才跨門，提起坐具曰：「和尚。」山擬取拂子，師便喝，拂袖而出。溈山至晚問首座：「今日新到在否？」座曰：「當時背卻法堂，著草鞋出去也。」山曰：「此子已後向孤峰頂上，盤結草庵，呵佛罵祖去在。」

師住澧陽三十年。屬唐武宗廢教，避難於獨浮山之石室。大中初，武陵太守薛廷望，再崇德山精舍，號古德禪院。將訪求哲匠住持，聆師道行。屢請，不下山。廷望乃設詭計，遣吏以茶鹽誣之，言犯禁法，取師入州。瞻禮，堅請居之，大闡宗風。後人傳爲「德山棒」、「臨濟喝」。像他這樣，何愁生死不休！德山下來出巖頭、雪峰，雪峰下出雲門、法眼，又出德韶國師、永明壽祖等，都是一棒打出來的。歷朝以來的佛法，都是宗門下的大祖師爲之撐架子。

諸位在此打七，都深深的體解這一最上的道理，直下承當，了脫生死，是不爲難的。假如視爲兒戲，不肯死心塌地，一天到晚在光影門頭見鬼，或在文字窟中作計，那麼生死是休不了的。大家努力精進吧！

初七第四日（二月二十五日）

魔來魔斬　佛來佛斬

七天的辰光已去了四天，諸位都很用功。有的作些詩偈到我那裡來問，這也很難得。但是你們這樣的用功，把我前兩天說的都忘卻了。昨晚說修行無別修，只要識路頭。我們現在是參話頭，話頭就是我們應走的路頭。我們的目的是要成佛了生死。要了生死，就要借這句話頭作爲金剛王寶劍，魔來魔斬，佛來佛斬，一情不留，一法不立，哪裡還有這許多妄想來作詩作偈，見空見光明等境界。若這樣用功，我不知你們的話頭到哪裡去了。老參師父不再說，初發心的人要留心啊。我因爲怕你們不會用功，所以前兩天就將打七的緣起，及宗門下這一法的價值和用功的法子，一一講過了。

我們用功的法子，就是單舉一句話頭，晝夜六時，如流水一般，不要令它間斷。要靈明不昧，了了常知，一切凡情聖解，一刀兩斷。古云：「學道猶如守禁城，緊把城頭戰一場。不受一番寒徹骨，怎得梅花撲鼻香。」這是黃檗禪師說的。前後四句，有二種意義。前兩句譬喻，說我們用功的人，把守這句話頭，猶如守禁城一樣，任何人不得出入。這是保守得非常嚴密的。因爲你我每人都有一個心王，這個心王即是第八識，八識外面還有七識、六識、前五識等。前面那五識，就是那眼、耳、鼻、舌、身五賊，六識即是意賊，第七識即是末那。它（末那）一天到晚，就是貪著第八識見分爲我，引起第六識。牽領前五識，貪愛色、聲、香、味、觸等塵境，纏惑不斷。把八識心王困得死死的，轉不過身來。

所以我們今天要借這句話頭（金剛王寶劍），把那些劫賊殺掉，使八識轉過來成爲大圓鏡智，七識轉爲平等性智，第六識轉爲妙觀察智，前五識轉爲成所作智。但是最要緊的就是把第六識和第七識先轉過來，因爲它有領導作用，它的力量就是善能分別計量。

現在你們作詩作偈，見空見光，就是這兩個識在起作用。我們今天要借這句話頭，使分別識成妙觀察智，計量人我之心爲平等性智。這就叫做轉識成智，轉凡成聖。要使一向貪著色、聲、香、味、觸、法的賊不能侵犯，故曰如守禁城。後面的兩句，「不受一番寒徹骨，怎得梅花撲鼻香」的譬喻，即是我們三界眾生沈淪於生死海中，被五欲所纏，被塵勞所惑，不得解脫，故拿梅花來作比喻。因爲梅花是在雪天開放的，大凡世間萬物都是春生夏長、秋收冬藏的。冬天的氣候寒冷，一切昆蟲草木，都已凍死或收藏，塵土在雪中也冷靜清涼，不能起飛了。這些昆蟲草木塵土灰濁的東西，好比我們心頭上的妄想分別無明嫉妒等三毒煩惱。我們把這些東西去掉了，則心王自然自在，也就是如梅花在雪天裡開花吐香了。但是你要知道，這梅花是在冰天雪地裡而能開放，並不是在春光明媚，或惠風和暢的氣候而有的。你我要想，心花開放也不是在喜怒哀樂和人我是非當中而能顯現的。

因爲我們這八種心，若一糊塗，就成無記性。若一造惡，就成惡性。若一造善，就成善性。無記有夢中無記和空亡無記。夢中無記，就是夢中昏迷時，惟有夢中一幻境。日常所作一無所知，這就是獨頭意識的境界，也就是獨頭無記。空亡無記者，如我們現在坐香，靜中把這話頭亡失了。空空洞洞的，糊糊塗塗的，甚麼也沒有，只貪清淨境界。這是我們用功最要不得的禪病，這就是空亡無記。我們只要二六時中，把一句話頭，靈明不昧了了常知的。行也如是，坐也如是。故前人說：「行亦禪，坐亦禪，語默動靜體安然。」寒山祖師曰：「高高山頂上，四顧極無邊。靜坐無人識，孤月照寒泉。泉中且無月，月是在青天。吟此一曲歌，歌中不是禪。」

你我大家都是有緣，故此把這些用功的話再與你們說一番。希望努力精進，不要雜用心。

我再來說一公案。昔日雞足山悉檀寺的開山祖師，出家後參禮諸方，辦道用功，非常精進。一日寄宿旅店，聞隔壁打豆腐店的女子唱歌曰：「張豆腐，李豆腐，枕上思量千條路，明朝仍舊打豆腐。」這時這位祖師正在打坐，聽了她這一唱，即開悟了。可見得前人的用功，並不是一定要在禪堂中才能用功，才能悟道的。修行用功，貴在一心。各位切莫分心散亂，空過光陰。否則，明朝仍舊賣豆腐了。

初七第五日（二月二十六日）

修行辦道　要有堅固心

修行一法，易則容易，難則實難。易者，只要你放得下，信得實，發堅固心和長遠心，就可成功。難者，就是你我怕吃苦，要圖安樂，不知世間上的一切有爲法，尚且要經過一番學習才能成功。何況我們要學聖賢，要成佛作祖，豈能馬馬虎虎就可成功！

所以第一要有堅固心。因爲修行辦道的人，總是免不了魔障。魔障就是昨天講的色聲香味觸法等塵勞業境，這些業境就是你我的生死怨家。故每每許多講經法師也在這些境界中站不住腳，這就是道心不堅固的原因。次之要發長遠心，我們人生在世，造業無邊。一旦要來修行，想了生脫死，豈能把習氣一時放得下呢？

古來的祖師，如長慶禪師坐破蒲團七個、趙州八十歲還在外面行腳，四十年看一「無」字，不雜用心，後來大徹大悟。燕王和趙王非常崇拜他，以種種供養。至清朝雍正皇帝，閱其語錄高超，封爲古佛。這都是一生苦行而成功的。你我現在把習氣毛病通身放下，澄清一念，就與佛祖同等。如《楞嚴經》云：「如澄濁水，貯於靜器。靜深不動，沙土自沈，清水現前，名爲初伏客塵煩惱。去泥純水，名爲永斷根本無明。」你我的習氣煩惱，猶如泥滓。故要用話頭，話頭如清礬，能使濁水澄清（即是煩惱降伏）。如果用功的人到了身心一如，靜境現前的時候，就要注意，不要裹腳不前。

須知這是初步功夫，煩惱無明尚未斷除，這是從煩惱心行到清淨。猶如濁水澄成了清水。雖然如此，水底泥滓尚未去了，故還要加功前進。古人說：「百尺竿頭坐的人，雖然得見未爲眞。若能竿頭重進步，十方世界現全身。」如不前進，則是認化城爲家，煩惱仍有生起的機會。如此則做一自了漢也很爲難。故要去泥存水，方爲永斷根本無明，如此才是成佛了。

到了無明永斷的時候，可以任你在十方世界現身說法。如觀世音菩薩三十二應，應以何身得度者，即現何身而爲說法。任你淫房酒肆、牛馬騾胎、天堂地獄，都是自由自在、無拘無束的了。否則，一念之差就是六道輪迴。昔者秦檜曾在地藏菩薩前做過香燈，只因他長遠心不發，無明煩惱未能斷了，故被瞋心所害。這是一例。假如你信心堅固，長遠心不退，則不怕你是怎樣的一個平常人，也可以即身成佛。

昔日漳州有一貧苦的人在寺出家，心想修行。苦不知如何爲是，無處問津，每日只做苦工。一日遇著一位行腳僧到那裡掛單，看他每日忙忙碌碌的，問他日常作何功課？他說：「我一天就是做些苦事，請問修行方法？」僧曰：「參念佛是誰？」如是他就照這位客師所教，一天在工作之中，把這「誰」字蘊在心裡照顧。後隱於石巖中修行，草衣木食。這時候他家裡還有母親和姐姐，聞知他在島巖中修行很苦，其母乃教其姐拿一匹布和一些食物送給他。其姐姐送至島巖中，見他坐在巖中，動也不動。去叫他，他也不應。其姐姐氣不過，把這些東西放在巖中回家去了。但是他也不睬也不瞧，老是坐在洞中修行。

過了一十三年，他的姐姐再去看他，見那匹布仍在那兒未動。後來有一逃難的人到了那裡，腹中饑餓，見了這位和尚衣服破爛的住在巖中，乃近前問他，向他化乞。他便到石巖邊拾些石子，置於釜中，煮了一刻，拿來共食，猶如洋薯。其人飽餐而去。去之時，他與之言曰：「請勿外與人言。」又過了些時，他想我在此修行這許多年了，也要結結緣吧。如是走到廈門，在一大路旁，搭一茅蓬，做施茶工作。

這時是萬曆年間。皇帝的母親皇太后死了，要請高僧做佛事，先想在京中請僧。因此時京中無大德高僧，皇太后乃托夢於萬曆皇帝，謂福建漳州有高僧。皇帝乃派人至福建漳州，迎請許多僧人進京做佛事。這些僧人都把行裝整理進京，恰在這路邊經過。其僧問曰：「諸位師父今日這樣歡喜到那裡去啊？」眾曰：「我們現在奉旨進京，替皇帝做佛事超薦太后去。」曰：「我可同去否？」曰：「你這樣的苦惱，怎能同去呢？」曰：「我不能念經，可以替你們挑行李，到京城看看也是好的。」如是就和這些僧人挑行李進京去了。

這時皇帝知道他們要到了，乃教人將《金剛經》一部埋於門檻下。這些僧人都不知道，一一的都進宮去了，惟有這位苦惱和尚行到那裡，雙膝跪下，合掌不入。那裡看門的叫的叫、扯的扯，要他進去，他也不入，乃告知皇帝。此時皇帝心中有數，知是聖僧到了。遂親來問曰：「何以不入？」

曰：「地下有《金剛》，故不敢進來。」曰：「何不倒身而入？」其僧聞之，便兩手撲地，兩腳朝天，打一個觔斗而入。皇帝深敬之，延於內庭款待，問以建壇修法事。曰：「明朝五更開壇，壇建一台，祇須旛引一幅，香燭供菓一席就得。」皇帝此時心中不悅，以爲不夠隆重，猶恐其僧無甚道德。乃叫兩個御女爲之沐浴，沐浴畢，其下體了然不動。御女乃告知皇帝，帝聞之益加敬悅，知其確爲聖僧，乃依其所示建壇。

次早陞座說法，登臺打一問訊，持旛至靈前曰：「我本不來，你偏要愛。一念無生，超昇天界。」法事畢，對帝曰：「恭喜太后解脫矣！」帝甚疑惑，以爲如此了事，恐功德未能做到。正在疑中，太后在空中曰：「請皇上禮謝眾僧，我已得超昇矣！」帝驚喜再拜而謝。於內庭設齋供養。此時其僧見帝穿著花褲，目不轉瞬。帝曰：「大德歡喜這褲否？」遂即脫下贈之。僧曰：「謝恩。」帝便封爲龍褲國師。

齋畢，帝領至御花園遊覽，內有一寶塔，僧見塔甚喜，徘徊瞻仰。帝曰：「國師愛此塔乎？」曰：「此塔甚好。」曰：「可以將此塔敬送於師。」正要人撤送漳州修建。師曰：「不須撤送，我拿去就是。」言說之間，即將此塔置於袖中騰空即去。帝甚驚悅，歎未曾有。

諸位！請看這是甚麼一回事呢？祇因他出家以來，不雜用心，一向道心堅固。他的姐姐去看他也不理，衣衫破爛也不管，一匹布放了十三年也不要。你我反躬自問是否能這樣的用功？莫說一天到晚，自己的姐姐來了不理做不到。就是在止靜後，看見監香行香，或旁人有點動靜，也要瞅他一眼。這樣的用功，話頭怎樣會熟呢？諸位只要去泥存水，水清自然月現。好好提起話頭參看！

初七第六日（二月二十七日）

在家大德　要好好降伏其心

古人說：「日月如梭，光陰似箭。」才說打七，明天就是解七了。依規矩，明天早上要考功了。因爲打七是剋期取證的方法。證者證悟，見到自己本地風光，悟到如來的妙性，故曰證悟。

考功，就是要考察你在七天當中的功夫到了何等程度，要你向大眾前吐露出來。平常在這個時候向你們考功，是叫做「討包子錢」，人人要過的。就是我們打七的，人人要開悟，人人可以弘揚佛法，度盡眾生的意思。現在不是說人人開悟，就是一人開了悟，也可以還得這些包子錢。

所謂眾人吃飯，一人還賬。如果我們發起一片精進的道心，是可以人人開悟的。古人說：「凡夫成佛眞個易，去除妄想實爲難。」祇因你我無始以來貪愛熾然，流浪生死，八萬四千塵勞，種種習氣毛病放不下，不得悟道，不像諸佛菩薩常覺不迷。是故蓮池說：「染緣易就，道業難成，不了目前萬緣差別。祇見境風浩浩，凋殘功德之林，心火炎炎，燒盡菩提之種。道念若同情念，成佛多時，爲眾如爲己身，彼此事辦，不見他非我是，自然上恭下敬，佛法時時現前，煩惱塵塵解脫。」

這十幾句話，說得何等明白和眞切！「染」者，染污義。凡夫的境界，總是貪染財色名利，瞋恚鬥爭。對道德二字，認爲是絆腳石。一天到晚，喜怒哀樂，貪愛富貴榮華，種種世情不斷，道念一點沒有。所以功德林被凋殘，菩提種子被燒盡。假如把世情看得淡淡的，一切親友怨家，視爲平等。不殺、不盜、不邪淫、不妄語、不飲酒，視一切眾生平等無二。視人饑如己饑，視人溺如己溺，常發菩提心，則可與道念相應，亦可立地成佛。故曰：「道念若同情念，成佛多時。」諸佛聖賢，應化世間，一切事情都是為眾服務。所謂拔苦與樂，興慈濟物，你我都能克己復禮，甚麼也不為自己作享受。那麼人人都無困苦，事事都能辦到了。同時你自己也隨之得到圓滿果實的報酬，如江河中的水漲了，船必自高了。

你能以一種慈悲心，恭敬心對人，不自高自大，不驕傲虛偽，則人見到你一定會恭敬客氣。否則，只恃一己之才能，老氣橫秋的。或口是心非的，專為聲色名利作計。那麼就是人家恭敬你，也恐是虛偽的。故孔子曰：「敬人者人恆敬之，愛人者人恆愛之。」六祖曰：「他非我不非，我非自有過。」所以我們切莫要生是非之心，起人我之別。如諸佛菩薩為人服務一樣，則菩提種子處處下生。美善的果實，時時有收穫，煩惱自然縛不著你了。

世尊所說三藏十二部經典，也是爲了你我的貪瞋癡三毒。所以三藏十二部的主要就是戒定慧，就是因果，使我們戒除貪欲，抱定慈悲喜捨，實行六度萬行，打破愚迷邪癡，圓滿智慧德相，莊嚴功德法身。若能依此處世爲人，那眞是處處總是華藏界了。今天參加打七的多是在家大德，我們要好好降伏其心，趕緊去離纏縛。

我再說一公案作爲諸位的榜樣。因爲你們都是發了很大的信心而來到這寶所，我不與你們解說，恐怕你們得不到寶，空手而回，不免辜負信心，希望靜心聽著。

昔者唐朝有一居士，姓龐名蘊，字道玄，湖南衡陽人。世本業儒，少悟塵勞，志求眞諦。貞元初，聞石頭和尚道風，乃往謁之。問曰：「不與萬法爲侶者是甚麼人？」頭以手掩其口，龐由是豁然有省。一日石頭問曰：「子見老僧以來，日用事作麼生？」龐曰：「若問日用事，即無開口處。」乃呈偈曰：「日用事無別，惟吾自偶諧。頭頭非取捨，處處沒張乖。朱紫誰爲號，丘山絕點埃。神通並妙用，運水及搬柴。」頭然之曰：「子以緇耶？素耶？」龐曰：「願從所慕。」遂不剃染。後參馬祖，問曰：「不與萬法爲侶者是甚麼人？」祖曰：「待汝一口吸盡千江水，即向汝道。」龐於言下，頓領玄旨，乃留駐參承二載。

居士自從參透本來人後，甚麼也不做，一天到晚單單織漉籬過活。家中所有的萬貫金銀，也一概拋於湘江之中。一日，兩夫婦共說無生的道理。玄曰：「難難難，拾擔芝麻樹上攤。」其婦曰：「易易易，百草頭上祖師意。」其女靈照聞之笑曰：「你們二老人家，怎麼說這些話來了？」玄曰：「據你怎樣說？」曰：「也不難，也不易，饑來吃飯困來睡。」

自爾機辯迅捷，諸方嚮之，因辭藥山。山命十禪客相送至門首，玄乃指空中雪曰：「好雪片片不落別處。」有全禪客曰：「落在甚麼處？」玄遂與一掌。全曰：「也不得草草。」玄曰：「恁麼稱禪客，閻羅老子未放你在。」全曰：「居士作麼生？」玄又掌曰：「眼見如盲，口說如瘂。」玄嘗遊講肆，隨喜聽《金剛經》，至無我無人處，致問曰：「座主，既無我無人，是誰講誰聽？」主無對。玄曰：「某甲雖是俗人，粗知信向。」主曰：「祇如居士意作麼生？」玄以偈答曰：「無我復無人，作麼有疏親。勸君休歷座，不似直求眞。金剛般若性，外絕一纖塵。我聞並信受，總是假名陳。」主聞欣然仰歎。

一日居士問靈照曰：「古人道，明明百草頭，明明祖師意。如何會？」照曰：「老老大大，作這個語話。」玄曰：「你作麼生？」照曰：「明明百草頭，明明祖師意。」玄乃笑。玄將入滅，謂靈照曰：「視日早晚，及午以報。」照觀竟回報曰：「日則中矣！惜天狗蝕日，父親何不出去一看呢？」玄以爲事實，乃下座出戶觀之。其時靈照即登父座，跏趺合掌坐脫。玄回見靈照已亡，歎曰：「我女鋒捷，先我而去。」於是更延七日。州牧於公頔問疾次。玄謂之曰：「但願空諸所有，愼勿實諸所無。好住世間，皆如影響。」言訖，枕於公膝而化，遺命焚棄江湖。其夫人聞之，即告知其子。子聞之，將鋤頭撐其下下額，立地而去。此時其母 見如此光景，亦自隱去。

你看他們一家四口，都能如此神通妙用。可見你們爲居士的多麼高尚，到現在莫說你們居士沒有這樣的人才，就是出家二眾也都是與我虛雲差不多，這是多麼倒架子。大家努力吧！

初七圓滿日（二月二十八日）

正法永昌　切莫視爲兒戲

恭喜諸位！七天功德，今日圓滿。證悟過來的，照規矩應該陞堂。如朝中考試，今天正是揭榜的一天，應該要慶賀。但是常住很慈悲，明天繼續打七，使我們可以加功進步。諸位老參師父都知道，這種因緣殊勝，不會空過光陰。各位初發心的人，要知人身難得，生死事大。我們得了人身，更要知道佛法難聞，善知識不易值遇。今天諸位親到寶山，要借此良機努力用功，不要空手而歸。

宗門下一法，我已講過，是世尊拈花示眾，一代一代的從根本上傳流下來的。所以阿難尊者，雖是佛的堂弟，又隨侍佛出家。而他在世尊前，未能大徹大悟。待佛滅後，諸大師兄弟不准他參加集會。迦葉尊者曰：「你未得世尊心印，請倒卻門前剎竿著。」阿難當下大悟。迦葉尊者乃將如來心印付之，是爲西天第二祖，歷代相承，至馬鳴、龍樹尊者後。天臺北齊老人，觀其《中觀論》發明心地而有天臺宗。這時宗門下特別大興，後來天臺衰落，至韶國師由高麗請回天台教典，再行興起。

達摩祖師是西天二十八祖，傳來東土是爲第一祖。自此傳至五祖，大開心燈。六祖下開悟四十三人，再經思祖、讓祖。至馬祖出，善知識八十三人，正法大興，國王大臣莫不尊敬。是以如來說法雖多，尤以宗下獨勝。如念佛一法，亦由馬鳴、龍樹之所讚揚。自遠公之後，永明壽禪師爲蓮宗六祖，以後多由宗門下的人所弘揚。密宗一法，經一行禪師發揚之後，傳入日本，我國即無相繼之人。慈恩宗是玄奘法師興起，不久亦絕。

獨以宗門下源遠流長，天神歸依，龍虎歸降。八仙會上的呂洞賓，別號純陽，京川人，唐末三舉不第，無心歸家。偶於長安酒肆遇鍾離權，授以延命之術，洞賓依法修行。後來乃飛騰自在，雲遊天下。一日至廬山海會寺，在鐘樓壁上書四句偈云：「一日清閒自在身，六神和合報平安。丹田有寶休問道，對境無心莫問禪。」未幾道經黃龍山，覩紫雲成蓋，疑有異人，乃入謁。

值黃龍擊鼓陞座，呂遂隨眾入堂聽法。黃龍曰：「今日有人竊法，老僧不說。」洞賓出而禮拜。問曰：「請問和尚，如何是一粒粟中藏世界，半升鐺內煮山川？」黃龍罵曰：「這守屍鬼。」洞賓曰：「爭奈囊中自有長生不死藥。」黃龍曰：「饒經八萬劫，未免落空亡。」洞賓忘了「對境無心莫問禪」的功夫，大發瞋心，飛劍斬黃龍。黃龍以手一指，其劍落地，不能取得。洞賓禮拜悔過，請問佛法。黃龍曰：「半升鐺內煮山川即不問，如何是一粒粟中藏世界？」洞賓於言下頓契玄旨，乃述偈懺曰：「棄卻瓢囊擊碎琴，從今不戀汞中金。自從一見黃龍後，始覺當年錯用心。」此是仙人歸依三寶，求入伽藍爲護法的一例。

道教在洞賓之手亦大興起來，爲北五祖，紫陽眞人又是閱《祖英集》而明心地的南五祖，故此道教亦是爲佛教宗門所續啓。孔子之道傳至孟子失傳，直至宋朝周濂溪先生從宗門發明心地，程子、張子、朱子等皆從事佛法。故宗門有助儒道一切之機。現在很多人把宗門這一法輕視，甚至加以譭謗。這眞是造無間業。

你我今天有此良緣，遇期勝因，要生大歡喜，發大誓願。人人做到龍天歸依，使正法永昌，切莫視爲兒戲。好好精進用功！

次七第一日（三月一日）

參學　總要以規矩法則為尊

虛雲到常住打擾一切，蒙和尚及各位班首師父特別優待，已深為抱歉。今天又要我做主法，這個名目，我實不敢承認。現在應慈老法師年高臘長，應歸他來領導才合理。同時常住上的法師很多，都是學德兼優，我是一個水上浮萍，全然無用的一個人。今天以我年紀大，要加諸客氣，這實在是誤會了。在世法尚且不以年齡的大小而論，如過去朝中赴科考的人，不管你年紀多大，而對於主考者，總是稱老師，都要尊敬他，不能講年齡的。在佛法中更加不能了。如文殊菩薩，過去久遠業已成佛，曾教化十六王子，阿彌陀佛是十六王子之一。釋迦牟尼佛也是他的徒弟。到了釋迦成佛的時候，他便為之輔弼。可見佛法是平等一味，無有高下的。

故此請諸位不要誤解了。

現在我們在參學方面來講，總要以規矩法則爲尊。常住上的主事人發起道心，講經打七，弘揚佛法，實爲希有難得的因緣。諸位都不避風塵，不憚勞倦，這樣的忙碌也自願的來參加。可見都有厭煩思靜的心。本來你我都是一個心，祇因迷悟有別。故有眾生終日忙碌，無一日休閑。稍作思惟，實乃無益。但是有種人一生在世，晝夜奔忙，癡想豐衣足食，貪圖歌臺舞榭。惟願子孫發富發貴，萬世的榮華。到了一氣不來，做了一個死鬼，還想要保佑他兒女，人財興旺。這種人眞是愚癡已極。

還有一種人，稍知一些善惡因果，要做功德。但是只知打齋供僧，或裝佛像，或修廟宇等一些有漏之因，冀求來生福報。因他不解無漏功德的可貴，故偏棄不行。《妙法蓮華經》云：「若人靜坐一須臾，勝造恆沙七寶塔。」因爲靜坐這一法，可以使我們脫離塵勞，使身心安泰，使自性圓明，生死了脫。一須臾者，一剎那之間也。若人以清淨心，返照回光，坐須臾之久，縱不能悟道，而其正因佛性已種，自有成就之日。若是功夫得力，一須臾之間，是可以成佛的。故《楞嚴經》中阿難尊者曰：「不歷僧祇獲法身。」

但是你我及一般人，平常總是在塵勞裡、在喜怒裡、在得失裡、在五欲裡、在一切圖快活享用裡過活。而今一到禪堂中，一聲止靜，則視之不見，聽之不聞，六根門頭，猶如「烏龜息六」樣的，任甚麼境界也擾你不動。這是修無爲法，也是無漏法。故以金銀等七種寶物造塔，如恆河沙數之多，猶不能及此靜坐一須臾之功德也。

「烏龜息六」是一譬喻。因爲海狗喜食魚鼈，一見烏龜在海灘上爬，牠就跑去吃牠。烏龜知其要吃牠，便把四隻腳、一個頭、一條尾，統統縮進殼裡去。海狗見之咬牠不著，空費一番辛苦，棄而他去。此時烏龜亦脫其險。我們人生在世，無錢的爲衣食忙得要死，有錢的貪婪色欲不得出離，正如被海狗咬著。若知其害，便把六根收攝，返照回光，都可以從死裡得生的。

前兩晚說過宗門下這一法，是正法眼藏，是如來心法，是了脫生死的根本。如講經等法門，雖然是起人信解，但是大都是枝葉上的文章，不容易大開圓解的。如要想以講經等法子來了生脫死者，還須要經過行證，是很爲難的。故從來聽到講經等及其他法門中顯現神通與立地悟徹者，比宗門下少。因爲宗門下，不但說是比丘和居士有不可思議的手眼，就是比丘尼也有偉大的人才。

昔者灌溪尊者是臨濟的徒弟，在臨濟勤學多年，未曾大徹大悟，乃去參方。至末山尼僧處，其小尼僧告知末山，末山遣侍者問曰：「上座是爲遊山玩景而來？抑是爲佛法而來？」灌溪只得承認爲佛法而來，末山曰：「既是爲佛法而來，這裡也有打鼓陞座的法則。」遂陞座。灌溪初揖而不拜，末山問曰：「上座今日離何處？」曰：「路口。」末山曰：「何不蓋卻？」溪無對，始禮拜。溪問：「如何是末山？」末山曰：「不露頂。」曰：「如何是末山主？」曰：「非男女相。」溪乃喝曰：「何不變去？」末山曰：「不是神，不是鬼，變個甚麼？」灌溪不能答，於是伏膺，在該處做園頭三年，後來大徹大悟。灌溪上堂有云：「我在臨濟爺爺處得半杓，末山孃孃處得半杓，共成一杓。吃了，直至如今飽不饑。」

故知灌溪雖是臨濟的徒弟，亦是末山的法嗣，可見尼眾中也有這樣驚世的人才，超人的手眼。現在你們這樣多的尼眾，爲甚麼不出來顯顯手眼，替前人表現正法呢？須知佛法平等，要大家努力，不要自生退墮，錯過因緣。古人說：「百年三萬六千日，不放身心靜片時。」你我無量劫來，流浪生死者，只爲不肯放下身心清淨修學，而感受輪迴，不得解脫。所以要大家放下身心，來靜坐片時，希望漆桶脫落，共證無生法忍。

次七第二日（三月二日）

莫雜用心　好好提起話頭參去

今日是兩個七的第二天。在這短短的時間裡，各位來參加的日益增多。可見上海地方的人善心淳厚，福德深重，更可見人人都有厭煩思靜，去苦趨樂的要求。本來人生在世，苦多樂少。且光陰迅速，數十年眨眼就過去了。縱如彭祖住世八百載，在佛法中看來，甚爲短促。在世人看來，是人生七十古來稀了，你我現在知道這種如幻如化的短境，無所留戀。來此參加這個禪七，眞是夙世善根。但是修行一法，貴在有長遠心。過去一切諸佛菩薩，莫不經過多劫修行，而能成功。

《楞嚴經》《觀世音菩薩圓通章》曰：「憶念我昔無數恆河沙劫，於時有佛出現於世，名觀世音。我於彼佛發菩提心，彼佛教我從聞思修，入三摩地。」由此可見，觀世音菩薩不是一天兩天的時光就成功了的。同時他便公開的將他用功的方法講給我們聽，他是楞嚴會上二十五圓通的第一名。他的用功法子是從聞思修而得耳根圓通的入三摩地。三摩地者，華言正定。故他繼著又說：「初於聞中，入流亡所。」這種方法是以耳根反聞自性，不令六根流於六塵，是要將六根收攝流於法性。故繼著又說：「所入既寂，動靜二相，了然不生。」又說：「如是漸增，聞所聞盡，盡聞不住。」

這意思即是要我們把這反聞的功夫不要滯疑，要漸次增進，要加功用行，才能得「覺所覺空，空覺極圓，空所空滅，生滅既滅，寂滅現前。」這種境界，即自以反聞聞自性的功夫，把一切生滅悉皆滅已，真心方得現前，即是說「狂心頓歇，歇即菩提。」觀世音菩薩到了這種境界，他說：「忽然超越世出世間，十方圓明，獲二殊勝。一者，上合十方諸佛本妙覺心，與佛如來同一慈力。二者，下合十方一切六道眾生，與諸眾生同一悲仰。」

我們今天學佛修行也要這樣，先把自己的功夫做好，把自性的貪瞋癡慢等一切眾生度盡，證到本來清淨的妙覺眞心。然後上行下化，如觀世音菩薩這樣的三十二應，隨類化度才能有力量。所以觀世音菩薩，或現童男童女身，化現世間。世人不知觀世音菩薩業已成佛，並無男女人我之相，他是隨眾生的機而應現的。但世間人一聞觀世音菩薩之名，都覺得有愛敬之心。這無非是過去生中持念過他的聖號，八識田中有這種子，乃起現行。故經云：「一入耳根，永為道種。」

你我今天來此熏修，當依諸佛菩薩所修所證之最上乘法。現在這種法是要明本妙覺心，即是說見性成佛。假如不明心地，則佛不可成，要明心地，須行善道為始。我們一天到晚，諸惡莫作、眾善奉行，則福德自此增長。加以一句話頭，時刻提起，一念無生，當下成佛。諸位把握時間，莫雜用心，好好提起話頭參去！

次七第三日（三月三日）

動靜之中都有把握

今天第二七的三天又過去了。功夫做純熟了的人，動靜之中都有把握，有甚麼心去分別他一七二七、三天兩天呢？但是初發心的人，總要努力精進，莫糊糊塗塗的打混，把光陰錯過了。

我現在再說一比喻給你們初發心的聽，希望好好聽著。諸方禪堂中所供的一位菩薩，是一位聖僧，他是釋迦如來的老表，名阿若憍陳如尊者。世尊出家時，他的父王派父族三人、母族二人，往雪山照顧他，此尊者是母族二人之一。世尊成道後，初至鹿野苑，爲之說四諦法。這位尊者最初悟道，同時此尊者是世尊諸大弟子中第一位出家者，故名聖僧，又名僧首。他的修行方法，在《楞嚴經》中說得很明顯：「我初成道，於鹿園中，爲阿若多五比丘等，及汝四眾言：『一切眾生，不成菩提及阿羅漢，皆由客塵煩惱所誤。』汝等當時，因何開悟，今成聖果。」

這是佛告訴我們不成菩提及阿羅漢的原因，並追問當時在會諸大弟子的開悟，是用何法而成功的？這時候獨有憍陳如尊者瞭解這個法子，所以他在這會中站立起來，答覆世尊曰：「我今長老，於大眾中，獨得解名，因悟『客塵』二字成果。」他說了之後，再對世尊作解釋似的說。「世尊。譬如行客，投寄旅亭，或宿或食，宿食事畢，俶裝前途，不遑安住。若實主人，自無攸往。如是思惟，不住名客，住名主人。以不住者，名爲客義。又如新霽，清暘升天，光入隙中，發明空中諸有塵相，塵質搖動，虛空寂然。如是思惟，澄寂名空，搖動名塵。以搖動者，名爲塵義。」他這一說，把「主客」二字說得何等明顯。

但是你要知道，這是一個譬喻，是告知我們用功下手的方法。即是說，我們的眞心是個主，他本是不動的。動的是客，即是妄想。妄想猶如灰塵，灰塵很微細，它在飛騰之時，要在太陽照入戶牖時，或空隙之中才看得見。即是說，我們心中的妄想，在平常的動念中並不知道，一到清靜修行靜坐用功當中才知道許多的雜念在不斷的起伏。在這妄念沸騰的當中，如果你功夫不得力，那就作不得主，故不得悟道，流浪生死海中。今生姓張，再生又姓李，如客人投宿旅店一樣，經常要換地方，是沒有一個久遠的時間，住得不動的。

但我們的眞心卻不是這樣，它總是不去不來、不生不滅的，常住不動，故爲主人。這個主人，好比虛空塵土飛出，虛空總是寂然不動。又如旅店裡的主人，他老住在店中，不到其他地方去的。在名相上講，塵者塵沙，是煩惱之一，要到菩薩的地位才能斷得了。妄者妄惑，惑有見惑八十八使，思惑八十一品，見惑由五鈍使而來。修行的人，先要把見惑斷盡才能證入須陀洹果，但這步功夫非常的難。斷除見惑，如斷四十里的逆流。可見我們用功的，是要有甚深的力量，思惑斷盡才能證到阿羅漢果。這種用功是漸次的。我們現在只借一句話頭，靈靈不昧，了了常知。甚麼見惑思惑，一刀兩斷，好似青天不掛片雲。清暘升天，即是自性的光明透露。

這位尊者悟了這個道理，認識了本有的主人。你我今天用功第一步，要把客塵認識清楚。客塵是動的，主人是不動的。如不認識，則功夫無處下手，依舊在打混，空過光陰。希望大家留心參看！

次七第四日（三月四日）

好好的坐一枝香　種一成佛的正因

「無上甚深微妙法，百千萬劫難遭遇。」這回玉佛寺打禪七，眞是因緣殊勝。各方信心男女居士們這樣踴躍的來參加，種下這一成佛的正因，可說是希有難得。釋迦牟尼佛說《妙法蓮華經》云：「若人散亂心，入於塔廟中，一稱南無佛，皆共成佛道。」人生在世數十年的光陰，不知不覺的過了。在這當中，有錢的人，或貪酒色財氣。無錢的人，爲了衣食住行而勞碌奔波。很少有清閒自在的時刻，眞是苦不堪言。

但是這種人，偶一走到佛寺裡，見此寂靜莊嚴的梵刹，心生歡喜。或見佛菩薩形像而隨口聲稱佛名者，或心生清淨而起感慨，稱讚如來吉祥而生希有者。這都是過去生中有甚深善根，由此皆得成佛。因爲人們平時眼中見到的風花雪月，耳中聽到的歌舞歡聲，口裡貪著的珍饈美味等，惑染思想。這惑染思想是散亂心，是生死心，是虛妄心。

今天能夠在塔廟中，稱一聲佛號。這是覺悟心，是清淨心，是成佛的菩提種子。佛者，梵語「佛陀」，華言「覺者」。覺者，覺而不迷，自性清淨即是有覺悟心。我們今天不爲名利而來，也是覺悟力的作用。但是有許多恐是聞其打禪七之名，而不知其打禪七之義。以一種希奇心而來看熱鬧的，這不是上上心。現在既到此地，如人到了寶山，不可空手而回，須發一無上的道心，好好的坐一枝香，種一成佛的正因，將來大家成佛。

昔日釋迦牟尼佛有一弟子，名須跋陀羅，家裡貧窮孤獨，無所依靠，心懷愁悶，要隨佛出家。一日至世尊處，剛巧是世尊外出，諸大弟子爲之觀察往昔因緣，八萬劫中未種善根，乃不收留，叫他回去。此時須跋苦悶已極，行至城邊，忖思業障如此深重，不如撞死爲好。正要尋死，不料世尊到來，問其所以，須跋一一答之。世尊遂收爲徒弟，回至其所，七日之中證阿羅漢。

諸大弟子，不解其故，請問世尊。世尊曰：「你們只知八萬劫中之事。八萬劫外，他曾種善根，他那時亦很貧窮，採樵爲活。一日在山中遇虎，無所投避，急忙爬於樹上。虎見他上樹，就圍繞而嚙樹。樹欲斷了，他心中甚急，無人救援。忽而思惟大覺佛陀有慈悲力，能救諸苦。乃口稱『南無佛，快來救我。』虎聞南無佛聲，乃遠避之，未傷其命，由此種下正因佛種。今日成熟，故證果位。」諸大弟子聞此語已，心懷喜悅，歎未曾有。

你我今天遇此勝緣，能來此坐一枝靜香，則善業已超過多倍，千萬勿爲兒戲。若爲熱鬧而來，那就錯過機會了。

次七第五日（三月五日）

不要死坐　不要沈空守寂

深具信心的人，在這堂中，當然是努力用功的。老參上座師父們功夫當然已很純熟，但是在這純熟之中，要知道迴互用功，要窮源徹底，要事理圓融，要靜動無礙。不要死坐，不要沈空守寂，貪著靜境。如果貪著靜境的話，不起迴互之助，即是死水中魚，無有跳龍門的希望。也就是挾冰魚，那是無用的。

初發心用功的，要痛念生死，要生大慚愧。把萬緣通身放下才能用功有力量，如果放不下，生死是決定不了的。因爲你我無始以來，被七情六欲所迷。現在從朝至暮，總是在聲色之中過日子，不知常住眞心，所以沈淪苦海。現在你我已覺悟世間上的一切都是苦惱，可以盡情放下，立地成佛。

勇猛精進　內外加修

這次參加來打七的，以我看起來，初發心的男女們佔多數。所以規矩法則都不懂。舉足動步，處處打人閑岔。幸常住很慈悲，種種成就我們的道業。諸位班首師父們也發了無上的道心來領導，使我們可以如法修持。這是萬劫難逢的機會，我們要勇猛精進，要內外加修。

內修，即是單單的參一句「念佛是誰」的話頭。或念一句「阿彌陀佛」，不起貪瞋癡恚種種其他念頭，使眞如法性得以透露。外修，即是戒殺放生，將十惡轉爲十善。不要一天到晚酒肉薰天，造無邊的罪業。須知佛種是從緣起的，惡業造得多，墮地獄是必定的。善業培得多，福利的果實，自然會給你來享受。

古人教我們「諸惡莫作，眾善奉行。」就是這個道理。你看昔琉璃大王誅殺釋種的因緣，就知道了。近來世界人民遭難，殺劫之重，皆是果報所遭。每每勸世人要戒殺放生、吃齋念佛者，也就是要大家免遭因果輪迴之報。諸位須當信奉，種植善因，成就佛果。

次七第七日（三月七日）

看住話頭　不要空過光陰

「浮生若夢，幻質匪堅，不憑我佛之慈，曷遂超升之路。」我們在這如夢如幻的生活中，顛顛倒倒的過日子。不知佛的偉大，不思出離生死，任善惡以升沈，隨業力而受報。所以世間上的人，總是作善者少，造惡者多。富貴者少，貧賤者多。六道輪迴，苦楚萬狀。有的朝生暮死，或數年而死者，或多年而死者，都不能自己做主。故須憑佛陀的慈悲主義才有辦法，因佛與菩薩有慈悲喜捨等行願力量，能夠令我們出離苦海，達到光明的彼岸。

慈悲者，見一切眾生有甚痛苦，以憐憫愛護之心去救度，令其離苦得樂。喜捨者，見一切眾生做一切功德，或發一念好心都要隨喜讚歎，對一切眾生有所需求者，都要隨其所需而施與之。世尊在因地修行時，總是行的捨頭腦骨髓的菩薩道。所以他老人家曾說：「三千大千世界，無有一芥子許地，不是我捨身埋骨的地方。」今天諸位要努力把話頭看住，不要把光陰空過了。

解七（三月八日）

修行三大劫　悟在剎那間

恭喜諸位兩個禪七圓滿，功德已畢，馬上就要解七，要與諸位慶賀了。以古人來說，本沒有甚麼結七解七，一句話頭參到開悟爲期。現在你們悟了未悟，我們總依規矩而作。在這時期中，諸位不分晝夜，而目的是爲開悟，是爲佛門中培植人才。如果是打混把光陰空過，那是辜負了這段時光。

今天常住上的大和尚與各位班首師父，依古人規則來考察你們的功夫，希望不要亂說，只要眞實將自己的功夫見地，當眾答一句，相當者常住爲你們證明。古人說：「修行三大劫，悟在剎那間。」功夫得力一彈指頃，就悟過來了。

昔者琅琊覺禪師，有一女弟子親近他參禪。琅琊禪師叫她參「隨他去」，這女子依而行之不退。一日家中起火，其女曰：「隨他去。」又一次她的兒子掉在水中，旁人叫她，她曰：「隨他去。」萬緣放下，依教行之。又一日，在家中炸油條，其夫在燒火，她將麵條向鍋中一抛，炸聲一響，當下悟道，即將油鍋向地下一倒，拍手而笑。其夫以爲瘋了，罵曰：「你如此作甚麼？不是瘋了麼？」曰：「隨他去。」即往覺禪師處求證，覺禪師爲之證明，已成聖果。諸位今日悟了的，站出來道一句看。

（久之，無人敢答。虛老即出堂，繼由應慈老法師等考問。待止靜後，老人再進堂，一一警策畢。開示云：）

紅塵滾滾，鬧市紛煩，那有功夫和心思來到這裡靜坐參話頭呢？只以你們上海人的善根深厚，佛法昌盛、因緣殊特，才有這樣一回大事因緣。中國的佛教，自古以來雖有教、律、淨、密諸宗，嚴格的檢討一下，宗門一法，勝過一切，我早已說過了。祇以近來佛法衰微，人才未出，我過去也曾到各處掛單，看起來現在更加不如昔日了。說來我也很慚愧，甚麼事也不知道，承常住的慈悲，各位的客氣，把我推在前面。這應該要應慈老法師承當才對，他是宗教兼通的善知識，眞正的前輩老人家，不必要我來陪伴了。我現在甚麼事也不能做了，願各位要好好的追隨前進，不要退墮。

潙山祖師云：「所恨同生像季，去聖時遙，佛法生疏，人多懈怠。略申管見，以曉後來。」潙山，德號靈祐，福建人，親近百丈祖師，發明心地。司馬頭陀在湖南看見潙山地勢很好，要出一千五百人的善知識所居之地。時潙山在百丈處當典座，司馬頭陀見之，認爲是潙山主人，乃請他老人家去潙山開山。潙山老人是唐朝時候的人，佛法到唐朝只是像法之末葉。所以他自己痛恨生不逢時，佛法難曉，眾生信心漸漸退失，不肯下苦心修學，故佛果無期。我們現在距潙山老人又千多年了，不但像法已過，即末法亦已過去九百餘年矣，世人善根更少了。所以信佛法的人很多，而眞實悟道的人很少。

我以己身來比較一下。現在學佛法是方便多了。在咸、同之時，各地寺廟統統焚毀了，三江下唯有天童一家保存。至太平年間，由終南山一班老修行出來重興。那時候，只有一瓢一笠，那有許多囉嗦。後來佛法漸漸昌盛，各方始有挑高腳擔的。直到現在，又有挑皮箱的了。對佛法眞正的行持，一點也不講了。過去的禪和子要參方，非要走路不可。現在有火車、汽車、輪船、飛機，由此都想享福，不想吃苦了，百般的放逸也加緊了。雖然各方的佛學院也隨時倡導，法師們日漸增多。可是根本問題，從此棄之不顧，一天到晚專在求知解，不求修證。同時也不知修證一法是解決問題的根本。

永嘉《證道歌》云：「但得本，莫愁末，如淨琉璃含寶月。」「嗟末法，惡時世。眾生福薄難調制，去聖遠兮邪見深。魔強法弱多怨害，聞說如來頓教門，恨不滅除令瓦碎。作在心，殃在身。不須怨訴更尤人，欲得不招無間業，莫謗如來正法輪。」「吾早年來積學問，亦曾討疏尋經論，分別名相不知休。入海算沙徒自困，卻被如來苦訶責，數他珍寶有何益。」他老人家去參六祖大徹大悟，六祖號之爲「一宿覺」。

所以古人說，尋經討論，是如入海算沙。宗門下的法子，是如金剛王寶劍，遇物即斬，碰鋒者亡，是立地成佛的無上法門。且如神贊禪師，幼年行腳，親近百丈祖師開悟，後回受業本師處。本師問曰：「汝離吾在外，得何事業？」曰：「並無事業。」遂遣執役。一日，本師澡浴，命贊去垢。神贊拊其背曰：「好所佛堂，而佛不聖。」本師未領其旨，回首視之。神贊又曰：「佛雖不聖，且能放光。」

又一日本師在窗下看經，有一蜂子投向紙窗，外撞求出。

贊見之曰：「世界如許廣闊，不肯出，鑽他故紙驢年去。」並說偈曰：「空門不肯出，投窗也太癡。百年鑽故紙，何日出頭時。」本師聞之，以爲罵他，置經問曰：「汝出外行腳如許時間，遇到何人，學到些甚麼？有這麼多話說？」神贊曰：「徒自叩別，在百丈會下，已蒙百丈和尙指箇歇處。因念師父年老，今特回來欲報慈德耳。」

本師於是告眾，致齋請贊說法，贊即陞座舉唱百丈門風曰：「靈光獨耀，迥脫根塵。體露眞常，不拘文字。心性無染，本自圓成。但離妄緣，即如如佛。」本師於言下感悟曰：「何期垂老，得聞極則事。」於是遂將寺務交給神贊，反禮神贊爲師。

請看，這樣的容易是何等灑脫！你我今天打七打了十多天，何以不會悟道呢？只因都不肯死心塌地的用功，或視爲兒戲。或者認爲參禪用功，要在禪堂中靜坐才好。其實這是不對的。眞心用功的人，是不分動靜營爲和街頭鬧市，處處都好。

昔日有一屠子和尚，在外參方。一日行至一市，經過屠戶之門。有許多買肉的都要屠戶割精肉給他們，屠戶忽然發怒，將刀一放。曰：「那一塊不是精肉呢？」屠子和尚聞之，頓然開悟。可見古人的用功並不是坐在禪堂中方能用功的。今天你們一個也不說悟緣，是否辜負光陰，請應慈老法師與大和尚等，再來考試考試。

解七法語

心境寂　體用歸

雲公老人出堂，應慈老法師一一考問。開示後，各照座位坐定。雲公再進禪堂，在靜中又復一一警策畢。坐下說開示一番，開靜茶點畢，各各站立。雲公著海青入堂，平坐佛前，以竹篦打一〇相云：

纏結七。又解七。解結忙忙了何日。一念亡緣諸境息。摩訶般若波羅蜜。

心境寂。體用歸。本自圓明無晝夜。那分南北與東西。萬象隨緣觀自在。

鳥啼花笑月臨溪。即今解七一句作麼生道。鐘板吼時鉢盂跳。諦觀般若波羅蜜——解。

方便開示

虛雲老和尚

一九五五年　雲居山真如禪寺

閏三月十一日

三藏所詮　不外戒、定、慧三學

釋迦如來說法四十九年，談經三百餘會，歸攝在三藏十二部中。三藏者，經藏、律藏、論藏是也。三藏所詮，不外戒、定、慧三學。經詮定學，律詮戒學，論詮慧學。再約而言之，則「因果」二字，全把佛所說法包括無餘了。「因果」二字，是一切聖凡、世間出世間都逃不了的。因是因緣，果是果報。譬如種穀，以一粒穀子爲因，以日光風雨爲緣，結實收穫爲果。若無因緣，絕無結果也。

一切聖賢之所以爲聖賢者，其要在於「明因識果」。「明」者，瞭解義，「識」者，明白義。凡夫畏果，菩薩畏因。凡夫只怕惡果，不知惡果起於惡因。平常任意胡爲，以圖一時快樂，不知樂是苦因。菩薩則不然，平常一舉一動，謹身護持，戒慎於初。既無惡因，何來惡果。縱有惡果都是久遠前因，既屬前因種下則後果難逃。故感果之時，安然順受，毫無畏縮，這就叫明因識果。

例如古人安世高法師，累世修持，首一世爲安息國太子，捨離五欲出家修道，得宿命通。知前世欠人命債，其債主在中國。於是航海而來，到達洛陽，行至曠野無人之境，忽覿面來一少年，身佩鋼刀，遠見法師，即怒氣衝衝，近前未發一言，即拔刀殺之。法師死後，靈魂仍至安息國投胎，又爲太子。迨年長又發心出家，依然有宿命通，知今世尚有命債未還，債主亦在洛陽，於是重來。

至前生殺彼身命者家中借宿，飯罷，問主人曰：「汝認識我否？」答曰：「不識。」又告曰：「我即爲汝於某年某月某日，在某曠野中所殺之僧是也。」主人大驚。念此事無第三者能知，此僧必是鬼魂來索命，遂欲逃遁。僧曰：「勿懼，我非鬼也。」即告以故。謂「我明日當被人打死，償宿生命債。故特來相求，請汝明日爲我作證，傳我遺囑。說是我應還他命債，請官不必治誤殺者之罪。」說畢各自安睡。次日，同至街坊，僧前行。見僧之前，有一鄉人挑柴。正行之間，前頭之柴忽然墮地，後頭之柴隨亦即墮下。扁擔向後打來，適中僧之腦袋，立即斃命。鄉人被擒送官，訊後，擬定罪。主人見此事與僧昨夜所說相符，遂將僧遺言向官陳述。官聞言，相信因果不昧，遂赦鄉人誤殺之罪。其僧靈魂復至安息國，第三世又投胎爲太子，再出家修行，即世高法師也。

因此可知雖是聖賢，因果不昧，曾種惡因，必感惡果。若明此義，則日常生活逢順逢逆，苦樂悲歡一切境界都有前因。不在境上妄生憎愛，自然能放得下。一心在道，甚麼無明貢高習氣毛病，都無障礙，自易入道了。

閏三月十二日

努力辦道 不要錯過時光

古人為生死大事，尋師訪友，不憚登山涉水勞碌奔波。吾人從無始來，被妄想遮蓋，塵勞縛著，迷失本來面目。譬如鏡子，本來有光明，可以照天照地。但被塵垢污染埋沒了，就不見光明。今想恢復原有光明，只要用一番洗刷磨刮功夫。其本有光明，自會顯露出來。吾人心性亦復如是。上與諸佛無二無別，無欠無餘，何以諸佛早已成佛，而你我現在還是生死苦海的凡夫呢！祇因我們這心性被妄想煩惱種種習氣毛病所埋沒，這心性雖然與佛無異，也不得受用。

今你我既已出家，同為佛子。要想明心見性，返本還原的話，非下一番苦功夫不可。古人千辛萬苦，參訪善知識，即為要明己躬下事。現在已是末法，去聖時遙，佛法生疏，人多懈怠，所以生死不了。今既知自心與佛相同，就應該發長遠心、堅固心、勇猛心、慚愧心，二六時中，如切如磋、如琢如磨，朝如斯、夕如斯，努力辦道，不要錯過時光。

閏三月十三日

成道本來易　欲除妄想難

古人說：「若論成道本來易，欲除妄想眞個難。」道者，理也。理者，心也。心佛衆生，三無差別，人人本具，各各現成。在聖不增，在凡不減。若人識得心，大地無寸土。一切世出世間，若凡若聖，本來是空，何生死之有呢！故曰成道本來易。此心體雖然妙明，但被重重妄想所蓋覆，光明無由顯現，而欲除此妄想就不容易了。

妄想有二種，一者輕妄，二者粗妄。又有有漏妄想與無漏妄想之分，有漏者，感人天苦樂果報。無漏者，可成佛作祖，了生脫死，超出三界。粗妄想感地獄餓鬼畜生三塗苦果，輕妄想就是營作種種善事，如念佛、參禪、誦經、持咒、禮拜、戒殺放生等等。粗妄想與十惡業相應，意起貪、瞋、癡，口作妄言、綺語、惡口、兩舌，身行殺、盜、淫。這是身口意所造十惡業。其中輕重程度，猶有分別，即上品十惡墮地獄，中品十惡墮餓鬼，下品十惡墮畜生。

總而言之，不論輕妄粗妄，皆是吾人現前一念，而十法界都是這一念造成的，所謂「一切唯心造」也。若就本分來講，吾人本地風光，原屬一絲不掛、纖塵不染的。粗妄固不必言，即或稍有輕妄，亦是生死命根未斷。現在既說除妄想，就要借重一句話頭或一聲佛號，作爲敲門瓦子，以輕妄制伏粗妄，以毒攻毒。先將粗妄降伏，僅餘輕妄，亦能與道相應。久久磨煉，功純行極，最後輕妄亦不可得了。

我們各各人都知道妄想不好，要斷妄想，但又明知故犯。仍然打妄想，跟習氣流轉。遇著逆境，還是打無明，甚至好吃懶做，求名貪利，思淫欲等等妄想都打起來了。既明知妄想不好，卻又放它不下，是甚麼理由呢？因爲無始劫來習氣熏染濃厚，遂成習慣。如狗子喜歡吃糞相似，你雖給牠好飲食，牠聞到糞味仍然要吃糞的，這是習慣成性也。

古來有一則公案，說明古人怎樣直截斷除妄想的。大梅山法常禪師初參馬祖。問：「如何是佛？」祖曰：「即心即佛。」師大悟，遂往四明梅子眞舊隱縛茅住靜。祖聞師住山，乃令僧問：「和尚見馬大師得個甚麼便住此山？」師曰：「大師向我道：『即心即佛。』我便向這裡住。」僧曰。「大師近日佛法又別。」師曰：「作麼生？」曰：「又道非心非佛。」師曰：「這老漢惑亂人未有了日，任他非心非佛，我祇管即心是佛。」其僧回舉似馬祖。祖曰：「梅子熟也。」古來祖師作爲，如何直截了當，無非都是教人斷除妄想。

現在你我出家，行腳參學，都是因爲生死未了，就要生大慚愧心，發大勇猛心，不隨妄想習氣境界轉。「假使熱鐵輪，於我頂上旋。終不以此苦，退失菩提心。」菩提即覺，覺即是道，道即妙心。當知此心本來具足圓滿，無稍欠缺，今須向自性中求，要自己肯發心。如自己不發心，就是釋迦如來再出世，恐怕也不能奈你何！

在二六時中，莫分行住坐臥動靜，一相本自如如，妄想不生，何患生死不了。若不如此，總是忙忙碌碌，從朝至暮，從生到死，空過光陰。雖說修行一世，終是勞而無功。臘月三十到來，臨渴掘井，措手不及，悔之晚矣！我說的雖是陳言，但望大家各自用心體會這陳言罷！

閏三月十四日

於動用中考驗自己

《楞嚴經》云：「若能轉物，即同如來。」謂一切聖賢能轉萬物，不被萬物所轉，隨心自在，處處眞如。我輩凡夫，因爲妄想所障，所以被萬物所轉。好似牆頭上的草，東風吹來向西倒，西風吹來向東倒，自己不能做得主。有些人終日悠悠忽忽，疏散放逸，心不在道。雖做功夫，也是時有時無，斷斷續續，常在喜怒哀樂、是非煩惱中打圈子。眼見色、耳聞聲、鼻齅香、舌嚐味、身覺觸、意知法，六根對六塵，沒有覺照。隨他青黃赤白，老少男女，亂轉念頭。對合意的則生歡喜貪愛心，對逆意的則生煩惱憎惡心，心裡常起妄想。其輕妄想，還可以用來辦道做好事，至若粗妄想，則有種種不正邪念，滿肚穢濁，烏七八糟，這就不堪言說了。

白雲端禪師有頌曰：「若能轉物即如來，春暖山花處處開。自有一雙窮相手，不曾容易舞三臺。」又《金剛經》云：「應如是降伏其心。」儒家亦有「心不在焉，視而不見，聽而不聞，食而不知其味」的說法。儒家發憤，尚能如此不被物轉。我們佛子，怎好不痛念生死、如救頭燃呢？應須放下身心，精進求道，於動用中磨煉考驗自己。漸至此心不隨物轉，則功夫就有把握了。

做功夫不一定在靜中。能在動中不動，才是眞實工夫。明朝初年，湖南潭州有一黃鐵匠，以打鐵爲生，人皆呼爲黃打鐵。那時正是朱洪武興兵作戰的時候，需要很多兵器。黃打鐵奉命趕制兵器，日夜不休息。有一天，某僧經過他家，從之乞食。黃施飯，僧吃畢。謂曰：「今承布施，無以爲報，有一言相贈。」黃請說之。僧曰：「你何不修行呢？」黃曰：「修行雖是好事。無奈我終日忙忙碌碌，怎能修呢？」僧曰：

「有一念佛法門，雖在忙碌中還是一樣修。你能打一鎚鐵念一聲佛，抽一下風箱也念一聲佛。長期如此，專念南無阿彌陀佛，他日命終，必生西方極樂世界。」

黃打鐵遂依僧教。一面打鐵，一面念佛。終日打鐵，終日念佛。不覺疲勞，反覺輕安自在。日久功深，不念自念，漸有悟入。後將命終，預知時至，遍向親友辭別，自言往生西方去也。到時把家務交代了，沐浴更衣，在鐵爐邊打鐵數下。即說偈曰：「叮叮噹噹，久煉成鋼。太平將近，我往西方。」泊然化去。當時異香滿室，天樂鳴空，遠近聞見，無不感化。我們現在也是整天忙個不休息，若能學黃打鐵一樣，在動用中努力，又何患生死之不了呢！

我以前在雲南雞足山，剃度具行出家的事，說給大家聽聽。具行未出家時吸煙喝酒，嗜好很多，一家八口，都在祝聖寺當小工。後來全家出家，他的嗜好全都斷除了。雖然不識一字，但很用功。《早晚課誦》、《普門品》等，不數年全能背誦。終日種菜不休息，夜裡拜佛拜經，不貪睡眠。在大眾會下，別人歡喜他，他不理會。厭惡他，他也不理會。常替人縫衣服，縫一針念一句「南無觀世音菩薩」，針針不空過。後朝四大名山，閱八年，再回雲南。

是時我正在興建雲棲寺，他還是行苦行。常住大小事都肯幹，甚麼苦都願意吃，大眾都歡喜他。臨命終時，將衣服什物變賣了，打齋供眾。然後向大眾告辭，一切料理好了。在四月時收了油菜籽，他將幾把禾稈，於雲南省雲棲下院勝因寺後園自焚化去。及被人發覺，他已往生去了。其身上衣袍鈎環雖皆成灰，還如平常一樣沒有掉落。端坐火灰中，仍然手持木魚引磬，見者都歡喜羨歎。他每天忙個不休息，並沒有忘記修行。所以生死去來，這樣自由，動用中修行，比靜中修行，還易得力。

閏三月二十一日

諸天鬼神　都尊重有道德的人

古人修行，道德高尚，感動天龍鬼神，自然擁護。因爲道德是世上最尊貴的。所以說：「道高龍虎伏，德重鬼神欽。」鬼神和人，各有各的法界，各有所尊。何以諸天鬼神會尊敬人法界呢？本來靈明妙性，不分彼此，同歸一體的。因爲無明不覺，昧了眞源，則有四聖六凡十法界之分。如果要從迷到悟，返本還原，則各法界的覺悟程度亦各不相同。

人法界中，有覺有不覺，知見有邪有正，諸天鬼神皆然。人法界在六凡中，超過其他五法界。因爲六欲天躭愛女色，忘記修行。四禪天單躭禪味，忘其明悟眞心之路。四空天則落偏空，忘正知見。修羅躭瞋，地獄鬼畜苦不堪言，皆無正念，那能修行？人道苦樂不等，但比他界則易覺悟，能明心見性，超凡入聖。諸天鬼神雖有神通，都尊重有道德的人，其神通福報大小不同，皆慕正道。

元圭禪師在中嶽龐塢住茅庵，曾為嶽神授戒，如《景德傳燈錄》所載。一日有異人者，峨冠衿褶而至，從者極多，輕步舒徐，稱謁大師。師睹其形貌，奇偉非常，乃諭之曰：「善來仁者，胡為而至？」彼曰：「師寧識我耶？」師曰：「吾觀佛與眾生等，吾一目之，豈分別耶？」彼曰：「我此嶽神也，能生死於人，師安得一目我哉！」師曰：「吾本不生，汝焉能死。吾視身與空等，視吾與汝等，汝能壞空與汝乎！苟能壞空及壞汝，吾則不生不滅也。汝尚不能如是，又焉能生死吾耶！」神稽首曰：「我亦聰明正直於餘神，詎知師有廣大之智辯乎！願授以正戒，令我度世。」師曰：「汝既乞戒，即得戒也，所以者何？戒外無戒，又何戒哉！」神曰：「此理也。我聞茫昧，止求師戒我身為門弟子。」師即張座秉爐，正几曰：「付汝五戒，若能奉持，即應曰能，不能即曰否。」神曰：「謹受教。」師曰：「汝能不淫乎？」曰：「亦娶也。」師曰：「非謂此也，謂無羅欲也。」曰：「能。」師曰：「汝能不盜乎？」曰：「何乏我也，焉有盜取哉。」師曰：「非謂此也。謂饗而福淫，不供而禍善也。」曰：「能。」師曰：「汝能不殺乎？」曰：「實司其柄，焉曰不殺？」師曰：「非謂此也，謂有濫誤疑混也。」曰：「能。」師曰：「汝能不妄乎？」曰：「我正直，焉能有妄乎？」師曰：「非謂此也，謂先後不合天心也。」曰：「能。」師曰：「汝能不遭酒敗乎？」曰：「能。」

師曰：「如上是謂佛戒也。」又言：「以有心奉持而無心物執，以有心爲物而無心想身。能如是，則先天地生不爲精，後天地死不爲老。終日變化而不爲動，畢竟寂默而不爲休。悟此，則雖娶非妻也，雖饗非取也，雖柄非權也，雖作非故也，雖醉非惛也。若能無心於萬物，則羅欲不為淫，福淫禍善不為盜，濫誤疑混不為殺，先後違天不為妄，惛妄顛倒不為醉，是謂無心也。無心則無戒，無戒則無心，無佛無眾生，無汝及無我，無汝孰為戒哉。」

神曰：「我神通亞佛。」師曰：「汝神通十句，五能五不能。佛則十句，七能三不能。」神悚然避席跪啓曰：「可得聞乎？」師曰：「汝能戾上帝東天行而西七曜乎？」曰：「不能。」師曰：「汝能奪地祇融五嶽而結四海乎？」曰：「不能。」師曰：「是謂五不能也。佛能空一切相成萬法智而不能滅定業，佛能知群有性窮億劫事而不能化導無緣，佛能度無量有情而不能盡眾生界，是謂三不能也。定業亦不牢久，無緣亦謂一期。眾生界本無增減，且無一人能主有法，有法無主是謂無法。無法無主，是謂無心。如我解佛，亦無神通也。但能以無心通達一切法爾。」神曰：「我誠淺昧，未聞空義。師所授戒，我當奉行。今願報慈德，效我所能。」師曰：「吾觀身無物，觀法無常，塊然更有何欲？」神曰：「師必命我爲世間事，展我小神功。使已發心、初發心、未發心、不信心、必信心五等人，自我神蹤知有佛、有神、有能、有不能、有自然、有非自然者。」師曰：「無爲是，無爲是。」神曰：「佛亦使神護法，師寧隳叛佛耶？願隨意垂誨。」師不得已而言曰：「東巖寺之障，莽然無樹。北岫有之，而背非屏擁。汝能移北樹於東嶺乎？」神曰：「已聞命矣！然昏夜間，必有喧動，願師無駭。」

即作禮辭去，師門送而且觀之。見儀衛逶迤，如王者之狀。嵐靄煙霞，紛綸間錯。幢旛環佩，淩空隱沒焉。其夕果有暴風吼雷，奔雲震電，棟宇搖蕩，宿鳥聲喧。師謂眾曰：「勿怖，勿怖。神與我契矣！」詰旦和霽，則北巖松栝，盡移東嶺，森然行植。師謂其徒曰：「吾歿後無令外知。若爲口實，人將妖我。」

觀此嶽神雖有神通，還不及有道德的人。這就是德重鬼神欽。沒有道德的人，要被鬼神管轄，受其禍害。要有道德，就要明心見性，自然會感動鬼神了。

古來禪師大德，驚天動地，白鹿啣花，青猿獻菓，天魔外道諸仙鬼神，都來歸依。如眞祖師歸依觀音，財神歸依普賢，洞賓仙師歸依黃龍，王靈官歸依地藏，文昌歸依釋迦牟尼佛等等。所以宋朝仁宗皇帝的《贊僧賦》說：「夫世間最貴者，莫如捨俗出家。若得爲僧，便受人天供養。作如來之弟子，爲先聖之宗親，出入於金門之下，行藏於寶殿之中。白鹿啣花，青猿獻菓，春聽鶯啼鳥語，妙樂天機，夏聞蟬噪高林，豈知炎熱。秋覩清風明月，星燦光耀，冬觀雪嶺山川，蒲團暖坐，任他波濤浪起。振錫杖以騰空，假饒十大魔軍，聞名而歸正道，板響雲堂赴供，鐘鳴上殿諷經。般般如意，種種現成，生存為人天之師，末後定歸於聖果矣！」偈曰：「空王佛弟子，如來親眷屬，身穿百衲衣，口吃千鍾粟。夜坐無畏床，朝覲彌陀佛，朕若得如此，千足與萬足。」

這篇贊文，我們要拿它來比照一下，看那一點與我們相應，那一點我們還做不到。如果每句話都與我相符，就能受鬼神尊重。假如「波濤浪起」，而不能「振錫杖以騰空」。無明一起，就鬧到天翻地覆，那就慚愧極了。十大魔軍就在般般不如意，種種不現成處，能降伏它。則五嶽鬼神、天龍八部，都尊敬你了。

閏三月二十四日

參學　要有三樣好

這幾天有幾位同參道友，發心要把我說的話記錄下來。我看這是無益之事，佛的經典、祖師的語錄，其數無量，都沒有人去看。把我這東扯西拉的話流傳出去，有甚麼用呢？

佛教傳入中國至今，流傳的經律論和註疏語錄等典章爲數不少。最早集成全藏，始於宋太祖開寶四年（971）。命張從信往四川雇工開雕，至太宗太平興國八年（983），凡歷十三年而告成，號爲蜀版《大藏經》，世稱爲北宋本，最爲精工，惜久已散佚。此後宋朝續刻大藏經四次。最末一次，係理宗紹定四年（1231），於磧砂之延聖院開雕藏經，至元季方告成，世稱爲磧砂版，此藏見者尤少。惟陝西西安開元臥龍兩寺猶存孤本，尚稱完璧。於是朱慶瀾等發起影印，並於民國二十一年（1932），在上海組織影印宋版藏經會，籌劃款項，積極進行。先派人赴陝西點查冊數，計共六千三百十卷，所殘缺者僅一百餘卷。以北京松坡圖書館所貯之宋《思溪藏》殘本補之，不足又托我將鼓山湧泉寺《磧砂藏》內《大般若經》、《涅槃經》和《寶積經》補足之。於是這湮沒數百年之瑰寶，遂又流通於全國矣。但本子和帳簿一樣，翻閱不便。這是缺點。明代紫柏老人，發起刻方冊佛經。嘉興版方冊經書流通後，閱者稱便。

最近杭州錢寬慧、秦寬福兩人，看見僧人賣經書給老百姓做紙用，他們便發心，遇到這些經書就盡力購買，寄來雲居。我山現有《磧砂藏》、《頻伽藏》和這些方冊經書，已經足夠翻閱的了。本來一法通時法法通，不在乎多看經典的。看藏經，三年可以看完全藏，就種下了善根佛種。這樣看藏經是走馬觀花的看，若要有眞實受用，就要讀到爛熟，讀到過背。

以我的愚見，最好能專讀一部《楞嚴經》，只要熟讀正文，不必看注解。讀到能背，便能以前文解後文，以後文解前文。此經由凡夫直到成佛，由無情到有情，山河大地。四聖六凡，修證迷悟，理事因果戒律，都詳詳細細的說盡了。所以熟讀《楞嚴經》很有利益。

凡當參學，要有三樣好。第一要有一對好眼睛，第二要有一雙好耳朵，第三要有一副好肚皮。好眼睛就是金剛正眼，凡見一切事物，能分是非，辨邪正，識好歹，別凡聖。好耳朵就是順風耳，甚麼話一聽到都知道他裡面說的甚麼門堂。好肚皮就是和彌勒菩薩的布袋一樣。一切好好歹歹所見所聞的，全都裝進袋裡，遇緣應機，化生辦事。就把所見所聞的從袋裡拿出來，作比較研究。擇其善者而從之，其不善者而改之，就有所根據了。你我要大肚能容撐不破，大布袋裝滿東西，不是準備拿來作吹牛皮用的，不要不會裝會，猖狂胡說。

昨夜舉溈山老人的話：「出言須涉於典章，談論乃旁於稽古。」所以典章不可不看，看典章會有受用。我胡言亂語，拿不出半句好話來。少時雖愛看典章，拿出來只供空談，實在慚愧。

世上流傳的《西遊記》、《目蓮傳》，都是清濁不分是非顚倒，眞的成假、假的成眞。《目蓮傳》說目蓮尊者，又扯到《地藏經》去，把地藏變成目蓮等等都是胡說。玄奘法師有《大唐西域記》，內容所說都是眞實話。惟世間流傳的小說《西遊記》，說的全是鬼話。這部書的來由是這樣的。北京白雲寺白雲和尚講《道德經》，很多道士聽了都做了和尚，長春觀的道士就不願意了，以後打官司。結果長春觀改爲長春寺，白雲寺改爲白雲觀。

道士做一部《西遊記》小說罵佛教，看《西遊記》的人要從這觀點出發，就處處都看出他的眞相。最厲害的是唐僧取經回到流沙河，全部佛經都沒有了，只留得「南無阿彌陀佛」六個字。這就把玄奘法師翻譯出來的佛經全部抹煞了。世人相信這部假的《西遊記》，而把眞的《西域記》埋沒了。針對《西遊記》而作的一部《封神榜》，是和尙罵道士的。從這觀點看它，就看出處處都是罵道士的。譬如說道士修仙必有劫數，要捱刀刃。看這兩部小說，如果不明白它是佛道相罵的關係，便會認假爲眞。

所以看書要明是非、辨邪正。《白蛇傳》說水浸金山寺的故事，儒書中有載，佛書中沒有，可見不是事實。金山現在還看得到法海洞。小說又把它拉到雷鋒塔和飛來峰上去，更是無稽之談。還有相傳說高峰禪師有一個半徒弟，斷崖是一個，中峰是半個。這故事典章中沒有記載。古人的《釋氏稽古略》、《禪林寶訓》、《弘明集》、《輔教編》和《楞嚴經》可以多看，開卷有益。

閏三月二十六日

講行持　離不了信、解、行、證

佛法教典所說，凡講行持，離不了信、解、行、證四字。經云：「信爲道源功德母。」信者，信心也。《華嚴經》上菩薩位次，由初信到十信，信個甚麼呢？信如來妙法。一言半句，都是直指人心、見性成佛的言語，千眞萬確，不能改易。修行人但從心上用功，不向心外馳求，信自心是佛，信聖教語言，不妄改變。解者，舉止動念，二諦圓融。自己會變化說法，盡自己心中流出，放大光明，照見一切，這就是解。雖然明白了，不行也不成功。所以要口而誦，心而惟，心口相應，不相違背。不要口上說得錦上添花，滿肚子貪瞋癡慢。這種空談絕無利益。

心惟是甚麼呢？凡有言語，依聖教量，舉止動念，不越雷池一步。說得行得才是言行無虧。若說得天花亂墜，所做男盜女娼，不如不說。行有內行外行，要內外相應，內行斷我法二執，外行萬善細行。證者，實證眞常。有信有解，沒有行就不能證。這叫發狂。

世上說法的人多如牛毛，但行佛法的，不知是那個禪師法師，甚麼人都有一些典章註解。如《心經》、《金剛經》、《八識規矩頌》，乃至《楞嚴經》等。其中有些人只是要鼻孔，雖然註了甚麼經，而行持反不如一個俗人。說食不飽，動作行爲，有內行外行之分。內行要定慧圓融，外行在四威儀中嚴守戒法，絲毫無犯。這樣對自己有受用，並且以身作則，可以教化人。教化人不在於多談，行爲好，可以感動人心。如《怡山文》所說：「若有見我相，乃至聞我名，皆發菩提心，永出輪迴苦。」你行爲好，就是教化他。不要令人看到你的行爲不好，而生退悔心，這會招墮無益。

牛頭山法融禪師，在幽棲寺北巖石室住靜，修行好，有百鳥啣花之異。唐貞觀中，四祖遙觀此山氣象，知有異人，乃躬自尋訪。問寺僧曰：「此間有道人否？」僧曰：「出家兒那個不是道人。」祖曰：「阿那個是道人。」僧無對。別僧曰：「此去山中十里許，有一懶融。見人不起亦不合掌，莫是道人麼？」祖遂入山，見師端坐自若，曾無所顧。祖問曰：「在此作甚麼？」師曰：「觀心。」祖曰：「觀是何人？心是何物？」師無對，便起作禮。曰：「大德高棲何所？」祖曰：「貧道不決所止，或東或西。」師曰：「還識道信禪師否？」祖曰：「何以問他？」師曰：「嚮德滋久，冀一禮謁。」祖曰：「道信禪師，貧道是也。」師曰：「因何降此？」祖曰：「特來相訪。莫更有宴息之處否？」師指後面曰：「別有小庵。」遂引祖至庵所，惟見虎狼之類，祖乃舉兩手作怖勢。師曰：「猶有這個在。」祖曰：「這個是甚麼？」師無語。過一會，祖卻於師宴坐石上書一「佛」字，師覩之悚然。

祖曰：「猶有這個在。」師未曉，乃稽首請說眞要。祖曰：「夫百千法門，同歸方寸。河沙妙德，總在心源。一切戒門、定門、慧門，神通變化，悉自具足，不離汝心。一切煩惱業障，本來空寂。一切因果皆如夢幻，無三界可出，無菩提可求。人與非人，性相平等。大道虛曠，絕思絕慮。如是之法，汝今已得，更無闕少，與佛何殊，更無別法。汝但任心自在，莫作觀行，亦莫澄心，莫起貪瞋，莫懷愁慮。蕩蕩無礙，任意縱橫，不作諸善，不作諸惡。行住坐臥，觸目遇緣，總是佛之妙用，快樂無憂，故名爲佛。」師曰：「心既具足，何者是佛？何者是心？」祖曰：「非心不問佛，問佛非不心。」師曰：「既不許作觀行，於境起時，如何對治？」祖曰：「境緣無好醜，好醜起於心。心若不強名，妄情從何起。妄情既不起，眞心任徧知。汝但隨心自在，無復對治，即名常住法身，無有變異。吾受璨大師頓教法門，今付於汝，汝今諦受吾言，只住此山，向後當有五人達者，紹汝玄化。」

牛頭未見四祖時，百鳥啣花供養，見四祖後百鳥不來。這是甚麼道理呢？佛法不可思議境界。天人散花無路，鬼神尋跡無門，有則生死未了，但無又不是。枯木巖前睡覺，一不如法，功夫便白費了。我們就不如古人，想天人送供。天人不管你，因爲我們沒有行持。眞有行持的人，十字街頭，酒肆淫坊，都是辦道處所。但情不附物，物豈礙人，如明鏡照萬象，不迎不拒，就與道相應。著心迷境，心外見法就不對。我自己也慚愧，還是摩頭不得尾。誰都會說的話，說出來有何用處？佛祖經論，你註我註，註到不要註了。講經說法，天天登報。但看他一眼，是一身狐騷氣，令人退心招墮。所以說法利人要以身作則。要以身作則嗎？我也慚愧！

閏三月三十日

參禪要參死話頭

這幾天我沒有進堂講話，請各位原諒。我不是躲懶偷安，因爲身體不好，又沒有行到究竟，衹拿古人的話和大眾互相警策而已。我這幾天不講話，有兩個原因。第一是有病，大家都知道我力不能支，眾人會下講話，不提起氣來，怕大家聽不見，提起氣來又很辛苦。所以不能來講。第二是說得一尺，不如行得一寸。你我有緣，共聚一堂。但人命無常，朝存夕亡，石火電光，能保多久。空口講白話，對於了生脫死有何用處？縱然有說，無非是先聖前賢的典章。我記性不好，講不完全。就算講的完全，光說不行也無益處。出言吐語，自己要口誦心惟，要聽的人如渴思飲，這樣則說者聽者都有受用。我業障重，一樣都做不到。古德是過來人，我沒有到古德地位。講了打閑岔，不如不講了。現當末法時代，誰能如古德那樣在一舉一動、一棒一喝處，披肝見膽，轉凡成聖？

我十九歲出家，到今百多歲，空過一生。少時不知死活，東飄西蕩，學道悠悠忽忽，未曾腳踏實地，生死到來就苦了。潙山文說：「自恨早不預修，年晚多諸過咎。臨行揮霍，怕怖慞惶。殼穿雀飛，識心隨業。如人負債，強者先牽。心緒多端，重處偏墜。」

年輕修行不勇猛、不死心、不放下，在名利煩惱是非裡打滾。聽經、坐香、朝山、拜舍利，自己騙自己。那時年輕，不知好歹，一天跑百幾里，一頓吃幾個人的飯，忘其所以，所以把寶貴的光陰混過了。而今才悔「早不預修」。老病到來，死不得、活不成、放不下，變爲死也苦、活也苦。這就是「年晚多諸過咎」。修行未曾腳踏實地，臨命終時，隨業流轉。如雞蛋殼破了，小雞飛出來，就是「殼穿雀飛，識心隨業。」做得主者能轉一切物，則四大皆空。否則識心隨業，如人負債一樣，他叫你快還老子的錢。那時前路茫茫，未知何往，才曉得痛苦。但悔之已晚。舉眼所見，牛頭馬面。不是刀山，便是劍樹，那裡有你說話處。

同參們，老的比我小，年輕的又都是身壯力健，趕緊努力勤修，打疊前程，到我今天這樣衰老，要想修行就來不及了。我空口講白話，說了一輩子，沒有甚麼意味。少年時候，曾在寧波七塔寺講《法華經》，南北東西，四山五嶽、終南、金山、焦山、雲南、西藏、緬甸、暹羅、印度，到處亂跑，鬧得不休息。那時年輕可以強做主宰，好爭閒氣。及今思之，都不是的。

同參道友們！參禪要參死話頭。古人說：「老實修行，接引當前秀。」老實修行，就是參死話頭，抱定一句「念佛是誰」作爲根據，勿弄巧妙。巧妙抵不住無常，心堅不變就是老實，一念未生前是話頭。一念已生後是話尾。生不知來，死不知去，就流轉生死。如果看見父母未生以前寸絲不掛，萬里晴空，不掛片雲，才是做功夫時。

善用心的人，禪淨不二。參禪是話頭，念佛也是話頭。只要生死心切，老實修行。抱住一個死話頭，至死不放，今生不了，來生再幹。「生生若能不退，佛階決定可期。」趙州老人說：「汝但究理，坐看三二十年。若不會，截取老僧頭去。」高峰妙祖住死關，雪峰三登投子，九上洞山。趙州八十猶行腳，來雲居參膺祖，趙州比膺祖大兩輩，是老前輩了。他沒有我相，不恥下問，幾十年抱住一個死話頭不改。

蓮池大師入京師，同行的二十多人，詣偏融禪師參禮請益。融教以「無貪利無求名，無攀緣貴要之門，唯一心辦道。」既出。少年者笑曰：「吾以爲有異聞，烏用此泛語爲。」大師不然曰：「此老可敬處正在此耳。」渠縱訥言，豈不能掇拾先德問答機緣一二，以遮門戶。而不如此者，其所言是其所實踐，舉自行以教人。這是救命丹。若言行相違，縱有所說，藥不對症，人參也成毒藥。你沒有黃金，買不到他的白銀。有黃金就是有正眼，有正眼就能識寶。各自留心省察，看看自己有沒有黃金！

四月初三日

行住坐臥不生心動念　就是降伏其心

《金剛經》上，須菩提問世尊：「善男子善女人，發阿耨多羅三藐三菩提心，云何應住？云何降伏其心？」佛說：「應如是住，如是降伏其心。」所謂降者，就是禁止的意思，使心不走作就是降伏其心。所說發菩提心，這個心是人人本具，各各不無的，一大藏教只說此心。世尊夜覩明星，豁然大悟，成等正覺時，歎曰：「奇哉！一切眾生皆有如來智慧德相，但以妄想執著，不能證得。」

可見人人本來是佛，都有德相。而我們現在還是眾生者，只是有妄想執著罷了。所以《金剛經》叫我們要如是降伏其心。佛所說法，只要人識得此心。《楞嚴經》說：「汝等當知。一切眾生，從無始來生死相續，皆由不知常住眞心。性淨明體，用諸妄想，此想不真，故有輪轉。」達摩西來，只是直指人心，見性成佛，當下了然無事。法海禪師參六祖，問曰：「即心即佛，願垂指諭。」祖曰：「前念不生即心，後念不滅即佛。成一切相即心，離一切相即佛。」智通禪師看《楞伽經》約千餘遍，不會三身四智，禮六祖求解其義。祖曰：「三身者，清淨法身，汝之性也；圓滿報身，汝之智也；千百億化身，汝之行也。若離本性，別說三身，即名有身無智。若悟三身無有自性，即名四智菩提。」

馬祖說：「即心即佛。」三世諸佛，歷代祖師都說此心。我們修行也修此心，眾生造業也由此心。此心不明，所以要修要造，造佛造眾生，一切唯心造。四聖六凡十法界，不出一心。四聖是佛、菩薩、緣覺、聲聞，六凡是天、人、阿修羅、畜生、餓鬼、地獄。這十法界中。佛以下九界都叫眾生，四聖不受輪迴，六凡流轉生死。無論是佛是眾生，皆心所造。

若人識得心，大地無寸土，哪裡來個十法界呢？十法界皆從一念生。一乘任運，萬德莊嚴，是諸佛法界。圓修六度，總攝萬行，是菩薩法界。見局因緣，證偏空理，是緣覺法界。功成四諦，歸小涅槃，是聲聞法界。廣修戒善，做有漏因，是天人法界。愛染不息，雜諸善緣，是人道法界。純執勝心，常懷瞋鬥，是修羅法界。愛見爲根，慳貪爲業，是畜生法界。欲貪不息，癡想橫生，是餓鬼法界。五逆十惡，謗法破戒，是地獄法界。

既然十法界不離一心，則一切修法，都是修心。參禪念佛，誦經禮拜，早晚殿堂，一切細行，都是修心。此心放不下，打無明，好吃懶做等等，就向下墮。除習氣，諸惡莫作，眾善奉行，就向上升。自性本來是佛，不要妄求，只把貪瞋癡習氣除掉，自見本性清淨，隨緣自在。猶如麥子一樣，把它磨成粉之後，就千變萬化。可以做醬、做麵、做飽、做餃、做麻花、做油條，種種式式由你造作。若知是麥，就不被飽、餃、油條等現象所轉。餑餑饅頭，二名一實。不要到北方認不得饅頭，到南方認不得餑餑。說來說去，還是把習氣掃清，就能降伏其心。行住坐臥，動靜閑忙，不生心動念，就是降伏其心。認得心是麥麵，一切處無非麵麥，就離道不遠了。

四月初五日

名利兩字的關口難過

《楞嚴經》云：「理則頓悟，乘悟並銷。事非頓除，因次第盡。」理者是理性，即人人本心，本來平等之性。天臺宗的六即，是圓教菩薩的行位。一理即，是說一切眾生皆有佛性，有佛無佛，性相常住也。凡夫唯於理性與佛均，故云理即。二名字即，聞說一實菩提之道，於名字中，通達了解，知一切法皆爲佛法，一切皆可成佛。三觀行即，心觀明了，理慧相應，所行如所言，所言如所行。四相似即，始入別教，所立之十信位，發類似眞無漏之觀行。五分證即，始斷一分無明而見佛性，開寶藏，顯眞如，名爲發心住。此後九住乃至等覺四十一位，分破四十一品無明，分見法性。六究竟即，破第四十二品元品無明，發究竟圓滿之覺智，即妙覺也。

理即雖說眾生即佛，佛性人人具足，但不是一步可即。古德幾十年勞苦修行，於理雖已頓悟，還要漸除習氣。因清淨本性染了習氣就不是佛，習氣去了就是佛。既然理即佛了，我們與佛有何分別呢？自己每天想想。佛是一個人，我也是一個人。何以他那麼尊貴，人人敬仰。我們則業識茫茫，做不得主，自己也不相信自己，怎能使人相信呢？

我們與佛不同，其中差別，就是我們一天所作所爲，都是爲自己。佛就不是這樣。《金光明經》上說：「於大講堂眾會之中，有七寶塔從地湧出。爾時世尊即從座起，禮拜是塔。菩提樹神白佛言。何因緣故禮拜是塔？佛言。善女天。我本修行菩薩道時，我身舍利安止是塔。因由是身，令我早成阿耨多羅三藐三菩提。世尊欲爲大眾斷疑網故，說是舍利往昔因緣。阿難。過去之世，有王名曰摩訶羅陀。時有三子，見有一虎，適產七日而有七子，圍繞周匝饑餓窮悴，身體羸損，命將欲絕。第三王子作是念言，我今捨身，時已到矣。是時王子勇猛堪任，作是大願，即自放身，臥餓虎前，即以乾竹，刺頸出血。於高山上，投身虎前。是虎爾時，見血流出，汙王子身，即便舐血，啖食其肉，唯留餘骨。爾時大王摩訶羅陀及其妃后，悲號涕泣，悉皆脫身服，瓔珞，與諸大眾往竹林中，收其舍利，即於此處，起七寶塔。是名禮塔往昔因緣。」你看這是佛的行爲和我們不同之處。捨身飼虎，不知有我。我相既除，怎能不成佛呢？

我慚愧得很。跑了幾十年，還未痛切加鞭，放不下。不講別的，只看二六時中，遇境逢緣，看打得開打不開。少時在外掛單，不以爲然。至今才知錯過了。在教下聽經，聽到講得好的就生歡喜，願跟他學，聽講小座，講得不如法的就看不起人，生貢高心。這就是習氣毛病。在坐香門頭混節令，和尚上堂說法，班首小參，秉拂講開示。好的天天望他講，不好的不願聽，自己心裡就生障礙。其實他講得好，我又學不到行不到。他好與不好，與我何干？講人長短的習氣難除。上客堂裡閑舂殼子，說那裡過冬那裡過夏，那裡茶飯如何如何，那裡的僧值如何如何，維那和尚如何如何。說這些無聊話，講修行就是假的了。

名利兩字的關口也難過。常州天寧寺一年發兩次犒勞錢，平常普佛。每堂每人䞋錢十二文。他扣下二文，只發十文。拜《大悲懺》每堂每人六十文，他扣下十文，只發五十文。七月期頭、正月期頭，凡常住的人，一律平等發犒勞錢，就有人說多說少的。這是利關過不得。一到八月十五日大請職，別人請在前頭，請不到我或請小了，也放不下。這是名關過不得。既說修行，還有這些名利。修的是甚麼行呢？事要漸除。就是要除這些事。遇著境界，放不下的也要放下。眉毛一動，就犯了祖師規矩。聽善知識說過了，就勿失覺照。

凡事要向道上會。道就是理，理者心也。心是甚麼？心就是佛。佛者，不增不減，不青不黃，不長不短。如《金剛經》所云：「若見諸相非相，即見如來。」透得這些理路，即和佛一般。以理治事，甚麼事放不下？以此理一照就放下了。「凡所有相，皆是虛妄。」煩惱是非從何處來呢？要想修行，過不去的也要過去。會取法性如如，各人打起精神來。

四月初九日

境風浩浩　無眞實受用

達摩祖師曰：「明佛心宗，行解相應，名之曰祖。」行解相應就是說得到行得到。古人有說得到行不到的，亦有行得到說不到的。說屬於般若慧解，行屬於實相理體。二者圓融無礙，就是行說俱到。小乘守偏空見法身，行人惑未破盡，理未打開，所以說不到。五品位後，講得天花亂墜，行不到，不能斷惑證眞。而今我們說的多、行的少，這就爲難了。說的是文字般若，從凡夫位說到佛位，如何斷惑證眞？怎樣超凡入聖？都分得開。臨到弄上自己分下，就行持不了。這是能說不能行。《潙山警策》說：「若有中流之士，且於教法留心。」也算好的。我們不但行不到，連說也說不到。

古人一舉一動，內外一如，念念不差，心口相應。我們的習氣毛病多，伏也伏不住，更談不到斷了。只是境風浩浩，無眞實受用，要說也拿不出來。從經論語錄典章上和平時聽到的拿來講，年紀大了，記性不好，講前忘後，講後忘前，講也講不到。既然行解不相應，空活在世就苦了。一口氣不來，未知何往。

我正是在這個時候了。一入夢就不知甚麼妄想，就不能做主。生死到來，更無用了。日日被境風所吹，無時放得下。既做不得主，講也無用。我今多活幾天，和你們說，還是泥菩薩勸土菩薩，但你們受勸是會獲益的。只要莫被境轉，如牧牛要把穩索子，牛不聽話就給他幾鞭。常能如此降伏其心，日久功深，就有到家消息。

四月十一日

處處是道場

這兩天老朽打各位的閑岔，舊廁所拆了，新的未完工，各位解手有些不便。你我在世上做人都是苦，未明白這個道理變化，這裡不適意，那裡也不適意。看清楚了，總是動植二物互養。一切動物都有糞，若嫌它不淨，就著色、香、味。在五色五味香臭等處過日子，在好醜境緣上動念頭。

修行人也離不得衣食住，雖是吃素，五穀蔬菜沒有肥料就沒有收成。屎尿和得好才有好莊稼，植物吸收屎尿愈多愈長得好。人吃了這些植物，豈不是吃屎尿麼？吃飽了又屙，又作肥料，又成植物，又拿來吃。這就是動物養植物、植物養動物，屙了食，食了又屙。何以食時只見其香不見其臭呢？食既如此。衣住也是一樣。織布的棉花、架屋的木料，都要肥料。可見我們穿也是糞，住也是糞，何臭之可嫌呢？未等新廁所修好便拆舊廁所的用意，是要利用舊廁所的材料來修新廁所和牛欄。如果現在不用，後來用在別處就怕它污穢。若棄卻不用，又恐成浪費招因果。其實說穢，則身內身外皆穢。明得此理，一切皆淨皆穢，亦不淨不穢。

僧問雲門：「如何是佛？」門曰：「乾屎橛。」屎橛是佛，佛是屎橛。這是甚麼意思呢？這些理路看不清，就被色相所轉。看穿了就如如不動，一切無礙。要想不被境轉，就要用功，動靜無心，凡聖情忘，則何淨穢之有？古人言句，我們雖會拿來說，做是做不到，其意義也不易了解。何以拿乾屎橛來比極尊貴的佛呢？明心見性的人，見物便見心，無物心不現。了明心地的人，動靜淨穢都是心。

僧問趙州：「如何是佛？」州曰：「殿裡底。」曰：「殿裡者豈不是泥龕像？」州曰：「是。」曰：「我不問這個佛。」州曰：「你問那個佛？」曰：「眞佛。」州曰：「殿裡底。」對這問答明白了，你就知道一切唯心造，見物便見心的道理。舉止動念就有下手處，有著落了。若淨穢凡聖心不忘，就把本來處處是道場，變成處處是障礙了。你試試看，上佛殿、下茅廁的時候，反照一下。

四月十五日結夏安居

古人婆心切　正是教人處處識得自己

昨夜庫房職事對我說，明天結夏的節令要吃普茶，買不到果子等物。庫房甚麼都沒有，怎樣辦呢？我說，我在這裡住茅蓬，不知甚麼時候，只知月圓是十五，看不見月亮就是三十。草生知春，雪落知冬，吃茶吃水我不管。我這不管就慚愧了。年輕時到處跑，攪了幾十年，至今白首無成。這些過時節的把戲看多了。怎樣吃普茶？這是和尚當家的事。每年時節，各宗不同，宗下一季，是正月十五日和七月十五日。謂冬參夏學，律下四季，是正月十五日解冬，四月十五日結夏，七月十五日解夏，十月十五日結冬。這就是大節日。律下今天結夏安居，坐吉祥草，行籌結界，九十天不能出界外一步。佛制結夏安居，是有種種道理的。夏天路上多蟲蟻，佛以慈悲爲本，怕出門踏傷蟲蟻，平常生草也不踏，夏天禁足是爲了護生。又夏日天熱汗多，出外化飯，披衣汗流，有失威儀，故禁足不出。同時夏熱，婦女穿衣不威儀，僧人化飯入舍亦不方便，所以要結夏安居。

昔日文殊三處過夏，迦葉欲白槌擯出，才拈槌，乃見百千萬億文殊。迦葉盡其神力，槌不能舉。世尊遂問：「迦葉，擬擯那個文殊？」迦葉無以對。這可見大乘小乘理路不同，菩薩羅漢境界不同。

若宗下諸方叢林，昨夜起就有很多把戲。上晚殿時傳牌，班首小參秉拂，今朝大殿祝聖，唱「唵捺摩巴葛瓦帝」三遍。又祝四聖，下殿禮祖，三槌磬白日子，頂禮方丈和尚畢，對面展具。大眾和合普禮三拜後，又禮影堂，到方丈聽和尚陞座說法。這個早上鬧得不亦樂乎，下午吃普茶。和尚在齋堂講茶話，律下不用陞座。古來叢林有鐘板的才叫常住，否則不叫常住。雲居山現在說是茅蓬，又像叢林，文不文武不武。不管怎樣，全由方丈當家安排。他們不在，我來講幾句，把過去諸方規矩講給初發心的聽。既然到此是住茅蓬，就要痛念生死。把「生死」二字掛在眉毛尖上，那裡攬這些把戲。參學的人要拿定主宰，不要隨時節境界轉。

古人婆心切，正是教人處處識得自己，指示世人於二六時動靜處，不要忘失自己。鎮州金牛和尚，每日自做飯供養眾僧。至齋時持飯桶到堂前作舞，呵呵大笑曰：「菩薩子吃飯來。」僧問雲門：「如何是超佛越祖之談？」門曰：「胡餅。」後人有詩曰：「雲門胡餅趙州茶，信手拈來奉作家。細嚼清風還有味，飽餐明月更無渣。」這是祖師在一舉一動處點破你，使你明白一切處都是佛法。

衢州子湖巖利縱禪師於門下立牌曰：「子湖有一隻狗，上取人頭，中取人心，下取人足，擬議即喪身失命。」僧來參。師便曰：「看狗。」五臺山秘魔巖和尚，常持一木叉，每見僧來禮拜，即叉其頸曰：「那個魔魅教汝出家，那個魔魅教汝行腳。道得也叉下死，道不得也叉下死。速道速道。」

吉州禾山無殷禪師，凡學人有問，便答曰：「禾山解打鼓。」其餘還有祖師專叫學人抬石挑土等等不一的作風。會得了，一切處都是道。會不了的，就被時光境界轉。這裡不如法，那裡不適意。只見境風浩浩，摧殘功德之林，心火炎炎，燒盡菩提之種。生死怎樣能了呢？般般不如意，種種不現成。正好在這裡降伏其心，在境上做不得主就苦了。

說得行不得固然不對，但我們連說也說不得，就更加慚愧了。蘇東坡在鎮江，一日作了一首讚佛偈曰：「聖主天中天，毫光照大千。八風吹不動，端坐紫金蓮。」將此偈寄到金山請佛印禪師印證，師看完，在詩後批了「放屁放屁」四字，便寄回蘇東坡。東坡見批就放不下，即過江到金山。問佛印說：「我的詩那裡說得不對？」佛印曰：「你說八風吹不動，竟被兩個屁打過江來。」我們說得行不得，也和東坡一樣，一點小事就生氣了，還說甚麼八風吹不動呢？

出家人的年歲計算和俗人不同。或以夏計，過了幾個夏，就說僧夏幾多。或以冬計，過了多少冬，就說僧臘若干。今天結夏，到七月十五解夏，十四五六三日名「自恣日」，梵語「鉢喇婆剌拏」，舊譯「自恣」，新譯「隨意」。這天讓他清眾恣舉自己所犯之罪，對他比丘懺悔，故曰自恣。又隨他人之意恣舉自己所犯，故曰隨意。這就是佛制的批評與自我批評。現在佛門已久無自恣，對人就不說直話了。這裡非茅蓬非叢林、不文不武、非牛非馬的實行結夏，也說幾句東扯西拉的話，應個時節。

四月十六日

煩惱即菩提　要自己領會

今天雨水紛紛，寒風徹骨。大家不避艱辛的插秧，爲了何事呢？昔日百丈惟政禪師向大眾說：「你爲我開田，我爲你說大義。」後來田已開了。師晚間上堂，僧問：「田已開竟，請師說大義。」師下禪床行三步，展手兩畔，以目示天地云：「大義田即今存矣！」

大家想想，百丈老人說了甚麼呢？要用心體會聖人的指點。我這業障鬼騙佛飯吃了數十年，還是摩頭不得尾，現在又不能陪大家勞動，話也沒有可說的。勉強應酬講幾句古人的話，擺擺閒談。

志公和尚《十二時頌》中辰時頌曰：「食時辰，無明本是釋迦身，坐臥不知元是道，只麼忙忙受苦辛。識聲色，覓疏親，只是他家染污人，若擬將心求佛道，問取虛空始出塵。」既然坐臥都是道，開田自然也是道。世法外無佛法，佛法與世法無二無差別。佛法是體，世法是用，莊子也說：「道在屎溺。」所以屙屎放尿都是道。

布袋和尚《插秧偈》曰：「手執青秧插滿田，低頭便見水中天。六根清淨方爲道，退步原來是向前。」佛法非同異，千燈共一光。你們今日插秧，道就在你手上。坐臥是道，插秧也是道。低頭就是回光返照，水清見天，心清就見性天。六根是眼耳鼻舌身意，和色聲香味觸法打交道，便不清淨，就沒有道了。佛性如燈光，房子一燈光滿。房內雖有千燈亦皆偏滿光，光光不相礙。宇宙山河，森羅萬象，亦復如是。無所障礙，能回光返照見此性天，則六根清淨，處處是道。要使六根清淨，必須退步，退步是和《楞嚴經》所說一樣。

「塵既不緣，根無所偶。反流全一，六用不行。十方國土，皎然清淨。」這就是退步原來是向前。若退得急，就進得快，不動是不成的。根不緣塵，即眼不被色轉，耳不被聲轉等，作得主才不被轉。

但如何才能作得主呢？溈山老人說：「但情不附物，物豈礙人？」如今日插秧，能不起分別心。無心任運，就不生煩惱。心若分別，即成見塵，就有煩惱，就是被苦樂境界轉了。孔子曰：「心不在焉，視而不見，聽而不聞，食而不知其味。」心不在，即無分別。無分別，就無障礙，食也不知其味了。

鼓山爲霖道霈禪師，精究《華嚴》。以《清涼疏鈔》和《李長者合論》文字浩繁，不便初學，乃從《疏》、《論》中纂其要者，另輯成書。由於專心致志，不起分別念故。有一次侍者送點心來，置硯側。師把墨作點心吃了也不知。侍者再至，見師唇黑，而點心猶在案上。這就是心無分別，食而不知其味。

我們今天插秧，能不起分別心，不生煩惱心麼？若能，則與道相應，否則坐臥不知元是道，只麼忙忙受苦辛。長期在煩惱中過日子就苦了。煩惱即菩提，要自己領會。

四月十七日

一切處都修道　不限於蒲團上才有道

世界上人，由少至老，都離不了衣食住三個字。這三個字就把人忙死了。衣服遮身避寒暑，飲食少了就饑渴。若無房子住，風雨一來無處躲避。所以這三個字，一樣也少它不得。人道如此，其餘五道亦是一樣。飛禽走獸虎狼蛇鼠，都要安身住處，要羽毛爲衣，也要飲食。衣食住三事本是苦事情，爲佛弟子不要被它轉。佛初創教，要比丘三衣一鉢，日中一食，樹下一宿。雖減輕了衣食住之累，但還是離不了它。

現在時移世易，佛弟子也和世人一樣爲衣食住而繁忙。耕田插秧一天到晚泡在水裡，不泡就沒有得食。春時不下種，秋到無苗豈有收。可見一粥一飯，來處不易，要花時間、費工夫、勞心力，才有收成。爲佛弟子，豈可端然拱手，坐享其成。古人說：「五觀若明金易化，三心未了水難消。」出家人不能和俗人一樣，光爲這三個字忙，還要爲道求出生死。因爲要借假修眞，所以免不了衣食住。但修道這件事，暫時不在，如同死人。古云：「道也者，不可須臾離也。」

所以道人行履，一切處一切事，勿被境轉。修道如栽田，穀子變秧，插秧成稻，割稻得米，煮米成飯。佛性如種子，眾生本性與佛無異，自心是佛，故曰佛性。這種子和秧稻米飯相隔很遠，不要以爲很遠，就不相信這種子會成飯。成佛所以要先有信心，即把種子放在田裡，等它發芽變秧。這時間又怕焦芽敗種，錯過時光。就是說修行要學大乘，勿誤入小乘耽誤前途。

插了秧以後要薅草，等於修道要除習氣毛病，把七情六欲、十纏十使、三毒十惡，一切無明煩惱都除淨。智種靈苗就順利長成，以至結果。修行要在動用中修，不一定要坐下來閉起眼睛才算修行。要在四威儀中，以戒定慧三學，除貪瞋癡三毒，收攝六根如牧牛一樣，不許牠犯人苗稼。美女在前，俗人的看法，是前面一枝花。禪和子的看法是，迷魂鬼子就是她。眼能如是不被色塵所轉，其餘五根都能不被塵轉。香不垂涎，臭不噁心，甚麼眉毛長、牙齒短、張三李四、人我是非都不管。

拾得大士傳的彌勒菩薩偈曰：「老拙穿衲襖，淡飯腹中飽。補破好遮寒，萬事隨緣了。有人罵老拙，老拙自說好。有人打老拙，老拙自睡倒。涕唾在面上，隨他自乾了。我也省氣力，他也無煩惱。這樣波羅蜜，便是妙中寶。若知這消息，何愁道不了。也不論是非，也不把家辦，也不爭人我，也不做好漢。跳出紅火坑，做個清涼漢。悟得長生理，日月為鄰伴。」

這是一切處都修道，並不限於蒲團上才有道。若只有蒲團上的道，那就要應了四料簡的「陰境若現前，瞥爾隨他去。」人生在世，人與人之間，總免不了說好說歹的。打破此關，就無煩惱。說我好的生歡喜心，就被歡喜魔所惑。三個好，送到老。說我不好的，是我的善知識。他使我知過必改，斷惡行善。衣食住不離道，行住坐臥不離道。八萬細行，不出四威儀中。

古人爲道不虛棄光陰，睡覺以圓木作枕。怕睡久不醒，誤了辦道。不獨白日遇境隨緣要作得主，而且夜間睡覺也要作得主。睡如弓，要把身彎成弓一樣。右手作枕，左手作被，這就是吉祥臥。一睡醒就起來用功，不要滾過去滾過來，亂打妄想以致走精。妄想人人有，連念佛也是妄想。除妄想則要做到魔來魔斬，佛來佛斬，這才腳踏實地。不怕念起，只怕覺遲。如此用功，久久自然純熟。忙碌中、是非中、動靜中、十字街頭、婊子房裡，都好參禪。不要只知忙於插秧，就把修行扔到一邊爲要。

四月二十一日

道向己求　莫從他覓

佛說三藏教，謂諸修行人修因證果，要經歷三大阿僧祇劫的時期才能成功。獨禪門修證很快，可以「不歷僧祇獲法身」。兩相比較，前者要經千辛萬苦才能成功，眞是爲難。後者只要識自本心，見自本性，當下頓斷無明，就可立地成佛，快得很。其實條條蛇都會咬人。不論小乘大乘、漸教頓教，想眞正到家都不容易。諸位千山萬水來到雲居，都是爲辦道講修行而來。總以爲打了叫香，在蒲團上坐下來，止了靜就叫修行。開靜的鼓聲響了去睡覺，打三板起來上早殿，又是修行。開梆吃粥後坐早板香，又是修行。打坡板出坡，掘地種田，搬磚挑土，屙屎放尿，認爲打閑岔，就忘記修行了。《壇經》說：「自性能含萬法是大，萬法在諸人性中。」

若單以坐香上殿爲修行，出坡勞動時功夫往那裡去了呢？坐香上殿時功夫又從何處跑回來呢？以出坡勞動爲打閑岔。有一處不能用功，則處處都不是話頭，都不能用功了。

古人說：「道向己求，莫從他覓。」我年輕時，在外面梯山航海，踏破鐵鞋，也是爲了修行辦道看話頭。心中只求貪多，如猿猴摘果一般，摘了這個，丟了那個，摘來摘去，一個都不到手。現在眼光要落地了，才知道以前所爲都是不對。楚石老人《淨土詩》云：「人生百歲七旬稀，往事回觀盡覺非。每哭同流何處去，閑拋淨土不思歸。香雲瑪瑙階前結，靈鳥珊瑚樹裡飛。從證法身無病惱，況餐禪悅永忘饑。」人生七十古來已稀，更難望人人百歲。幾十年中，所作所爲，人我是非。今日回想過去的事，盡覺全非。

何以覺得非呢？拿我來說。自初發心爲明自己的事，到諸方參學。善知識教我發大乘心，不要作自了漢，於是發心中興祖師道場，大小寺院修復了十幾處。受盡苦楚煩惱折磨，天堂未就，地獄先成。爲人爲法，雖是善因而招惡果，不是結冤仇，就是鬧是非，脫不了煩惱。在眾人會下，又不能不要臉孔。鸚鵡學語，說幾句古人典章，免被人見笑，而自己一句也做不到。現在老了，假把戲不玩了，不再騙人了，不造地獄業了，去住茅蓬吧，就來到雲居。結果又是業障纏繞逃不脫，仍然開單接眾造業。說了住茅蓬，又攬這一套。就是說得到，做不到，放不下，話頭又不知那裡去了。脫出那個牢籠，又進這個羅網。

寒山大士詩曰：「人問寒山道，寒山路不通。夏天冰未釋，日出霧朦朧。似我何由屆，與君心不同。君心若似我，還得到其中。」夏天冰未釋，就是說我們的煩惱放不下。即如前幾天總組長爲了些小事鬧口角，與僧值不和。再三勸他，他才放下。現在又翻腔，又和生產組長鬧起來，我也勸不了。

昨天說要醫病，向我告假。我說：「你的病不用醫，放下就好了。」

我這些話只會說他人，不會說自己，豈不顛倒。修行雖說修了幾十年，還是一肚子煩惱。食不下，睡不著，不知見甚麼鬼，誤了自己還是誤誰，臨插秧他就去了。我自己也不是的，說易行難，莫造來生業，回頭種福田。前生沒有腳踏實地做功夫，沒種好善因。所以今生冤家遇對頭都來相聚了。年輕人要留心，不要學我放不下。我癡長幾歲，有點虛名，無補眞參實學。各位要種好因，須努力自種福田。

四月二十二日

徒然口說　無補於實際

出家人天天講修道，如何謂之修道呢？修是修造，道是道理。理是人人的本心。這心是怎樣的呢？聖言所表，心如虛空。說一個空字有點儱侗，空有頑眞之分。我們眼所見的虛空，就是頑空。那不變隨緣，隨緣不變。靈明妙用，隨處自在，能含一切萬物的才是眞空。修行人要明白這樣的眞空，識自本心，見自本性。清清白白，明見無疑，就是見道。

拿北京來作比喻，若從地圖看北京，有方的圓的、橫的豎的、宮殿街道、南海西山等等名目。看到能背得出，終不如親到北京一次。隨你提起那裡，他不用看圖就能說得清清楚楚。只看圖而未曾到過北京的人，別人問起來雖然答得出，但不實在。而且有很多地方答不出的。修行人見道之後，如親到北京，親見「本自清淨，本不生滅，本自具足，本無動搖，能生萬法」的本性。不同依文解義的人，只見北京圖而未親到北京。空，就能擺得開，無罣無礙。不空，就擺不開，就有罣礙，所說和所作就不一樣。所以說「空可空，非眞空，色可色，非眞色。無名名之父，無色色之母。」色空原來無礙。若實在明見此理，則任他天堂地獄，隨緣不變，不變隨緣，無罣無礙。不明此理的人，雖能說得天花亂墜，也無眞實受用。

古來有一位老修行，在大眾會下住了多時，度量很寬，待人厚道，常能勸人放下放下。有人問他：「你這樣勸人教人，你自己做到沒有？」他說：「我在三十年前就斷無明了，還有甚麼放不下呢？」後來覺得在大眾會下，還是有些不自由自在，所以就跑到深山住茅庵去。

這回獨宿孤峰，無人來往，自由自在，以爲就眞無煩惱了。誰知有一天在庵中打坐，聽到門外有一群牧童，吵吵鬧鬧的說到庵裡去看看。有說不要動修行人的念頭，又有說既是修行人，念頭是不會動的。後來牧童都進去了。老修行坐在蒲團上沒有理他們，他們找吃的找喝的鬧個不休。老修行不動不聲，牧童以爲他死了，搖他也不動；但摸他身上還有暖氣。有人說：「他入定了。」有人說：「我不相信。」於是有人拿根草挑他的腿，老修行還是不動，挑他的手也不動，挑他的肚臍也不動，挑他的耳朵亦不動，挑他的鼻孔，老修行忍不住打了一個噴嚏。於是大罵道：「打死你這班小雜種。」那時觀世音菩薩在空中出現說：「你三十年前斷了無明的，今天還放不下嗎？」

可見說得一丈不如行得一尺，說得一尺不如行得一寸，不被境轉眞不容易。憨山大師《費閑歌》說：「講道容易修道難，雜念不除總是閑。世事塵勞常罣礙，深山靜坐也徒然。」我們既爲佛子，若不下一番苦心，徒然口說，是無補於實際的。

四月二十三日

大乘講雖容易　行起來就難了

佛教的月刊上常說，佛門遭難，濫傳戒法，規矩失傳，眞理埋沒。這些話我也常講。前幾十年我就說，佛法之敗，敗於傳戒不如法。若傳戒如法，僧尼又能嚴守戒律，則佛教不致如今日之衰敗。

我自己慚愧，初出家時不知甚麼是戒，只知苦行。以爲吃草不吃飯等等就是修行，甚麼大乘小乘三藏十二部都不知道。鼓山是福建省的名勝地方，有幾百僧人，有叢林，有茅蓬，遠近聞名。我就到鼓山出家，鼓山戒期只有八日，實際傳戒工作只有四五天。從四月初一日新戒掛號進戒堂後，馬上就教規矩，省略了很多手續，又沒有比丘壇。新戒受戒甚麼名目都不知，初八日在頭上燃了香，戒就算受完了。後來我到各處一跑，傳戒的情形各有不同。天臺山國清寺戒期五十三天，盡是小和尚受戒。普陀山戒期十八天，名叫羅漢戒。天童寺戒期十六天，寶華寺戒期五十三天，安徽甯國府戒期三天；徽州某寺戒期更快，一晝夜就完事，名叫一夜清。

後來看經律，才知這樣苟且傳戒是不如法的。《楞嚴經》說：「若此比丘，本受戒師及同會中十比丘等，其中有一不清淨者，如是道場多不成就。」可見三師七證這十師中，有一不清淨者，戒就白傳。《楞嚴》又說：「從三七後，端坐安居。經一百日，有利根者，不起於座，得須陀洹。縱其身心，聖果未成，決定自知，成佛不謬。」近代傳戒，不問清淨不清淨、如法不如法了。

中國佛教，自漢明感夢，騰蘭二尊者初來此土，不足十師，不得授具。但與道俗剃髮，披服縵條，惟是五戒十戒而已。高貴卿公曇摩迦羅乞行受戒法，沙門朱士行爲此土受具足戒之始。梁武帝約法師受具足戒，太子公卿道俗，從師受戒者四萬八千人，此應是受菩薩戒。唐道宣律師於淨業寺建石戒壇，爲岳瀆沙門再授具戒，撰《戒壇圖經》。宋眞宗昇州崇勝寺，賜名甘露戒壇。詔京師立奉先甘露戒壇，天下諸路皆立戒壇，凡七十二所。皇帝立的戒壇，受戒的人要經過考察的。初受沙彌戒，梵語「沙彌」，華言「息慈」，謂息惡行慈也。七歲至十三歲，名驅烏沙彌。佛世，小兒出家，阿難不敢度。佛言：「若能驅食上烏者聽度。」十四歲至十九歲，名應法沙彌，謂正合沙彌之位。以其五歲依師調練純熟，堪以進具也。二十歲至七十歲，叫名字沙彌，本是僧之位。以緣未及，故稱沙彌之名。比丘戒要年滿二十歲才能受，很嚴格的。有未滿者，佛聽從出世日算起，以閏年抽一月，以大月抽一日，補足助成二十歲。古有許多大祖師，未拘定年齡者也不少。

清代以來，皇帝多是菩薩應世，如順治出家，康熙、雍正都受菩薩戒。由國主開方便，凡是僧人不經考察，都能受戒，不知慈悲反成不好。以前傳戒還可以，如寶光寺、昭覺寺、寶華山、福州鼓山、怡山等處，猶尚愼重。其他叢林小廟都在傳戒，乃至城隍土地、會館社壇，都傳起戒來。我因此在《三壇正範後跋》略云：「更有招貼四布，煽誘蠱惑，買賣戒師，不尊壇處。淫祠社宇，血食宰割之區，亂為壇地。彼此迷惑，竊名網利，襲為貿易市場。本是清淨佛土，翻為地獄深坑。」近來《弘化月刊》指責濫傳戒法的話，說得更不好聽。

我過去每年也在傳戒，地獄業造了不少，其中有點緣故。欲想挽回後進，不得已而為之。我初到雲南雞足山，看不到一個僧人。因為他們都穿俗服，所以認不出誰是僧人。他們全不講修持，不上殿堂，連香都不燒，以享受寺產，用錢買黨派龍頭大哥以爲受用。我看到此情形，就發心整理雞足山。開禪堂，坐香打七，無人進門。講經，無人來聽。後來改作傳戒。從前僧家未有傳戒受戒者，這回才初創，想用戒法引化，重新整理。因此傳戒期限五十三天，第一次就來八百多人。從此他們才知有戒律這一回事，慢慢的勸，他們也就漸漸和我來往。漸知要結緣，要開單接眾，要穿大領衣服，要搭袈裟，要上殿念經，不要吃煙酒葷腥，學正見，行爲逐漸改變。

我借傳戒，把雲南佛法衰敗現象扭轉過來。鼓山以前傳戒只八天，只有比丘優婆塞進堂，沒有女眾。各處遠近寄一圓與傳戒師，給牒，在家人搭七衣，稱比丘比丘尼，名爲寄戒。我到鼓山改爲五十三天，把這寄戒不剃髮搭衣等非法風氣都改了。很多不願、反對的，弄到有殺人放火的事件發生，豈非善因反招惡果。請慈舟法師來鼓山辦戒律學院，他自己行持眞是嚴守戒律，我很敬重他的。

辦道這事，總在自己，不在表面。古來三壇戒法，每一壇都要先學足三年才傳授的。佛滅後，上座部分至五百部，事情複雜多了。佛在世時亦方便，有十七群比丘，年未滿二十而受比丘戒的祖師也多。如不講懺悔，縱至百歲亦是枉然。每見幾十歲的老法師不守戒的也不少。這些情況，老禪和子都知道。初發心的要謹愼護戒，學習大小乘經律論，以求明白事理。

清淨覺地，本來不染一塵，但佛事門中就不捨一法。出家受戒，先受沙彌十戒。此十戒中，前四是性戒，後六是遮戒。次受比丘戒，有二百五十戒，尼眾有三百四十八戒，不離行住坐臥四威儀和身口七支。菩薩三聚淨戒，一、攝律儀戒，無惡不斷，起正道行，是斷德因，修成法身。二、攝善法戒，無善不積，起助道行，是智德因，修成報身。三、攝眾生戒，無生不度，起不住道，是恩德因，修成化身。持戒有小乘大乘之別，小乘制身不行，大乘制心不起。小乘在三千威儀八萬細行中制身不犯，大乘連妄想都打不得，一打妄想就犯戒。

大乘講雖容易，行起來就難了。舍利弗過去在因地中想行菩薩道。離開茅庵，不做自了漢。發大願心，入世度眾生，到十字街頭打坐去。有一天，見一女人大哭而行。舍利弗問她何故如此傷心？女曰：「我母親有重病。醫生說要世人活眼睛才醫得好，這事難辦。我感到失望，所以傷心痛哭。」舍利弗曰：「我的眼睛給妳好不好？」女曰：「謝謝你。真是菩薩，救苦救難。」舍利弗遂把右眼挖出給她。女曰：「錯了，醫云須用左眼才對。」舍利弗勉強又把左眼挖出給她。這女人拿起左眼聞一聞。說：「這眼是臭的，不能用。」棄之而去。舍利弗覺得眾生難度，便退了菩薩心，六十小劫變蛇。

你看修行菩薩道難不難？受比丘戒時，戒和尚問：「汝是丈夫否？」答曰：「是丈夫。」受菩薩戒時，戒和尚問：「汝是菩薩否？」答曰：「是菩薩。」問：「既是菩薩，已發菩提心未？」答曰：「已發菩提心。」既如此說，就要做得到，否則腳未踏實地，被人罵一句就放不下，動起念頭，就招墮了。既受了三壇大戒，你我想想，像不像沙彌、比丘、菩薩呢？自檢討去！

四月二十五日

吃飯時　亦正好對治散亂

我今天在過堂的時候，看見各人吃飯，漸漸有些散亂。吃飯時候容易散亂，亦正好對治散亂，世人不知人身之寶貴。《大般涅槃經》偈曰：「生世爲人難，值佛世亦難。猶如大海中，盲龜遇浮孔。」《雜阿含經》曰：「大海中有一盲龜，壽無量劫，百年一遇出頭。復有浮木，止有一孔，漂流海浪，隨風東西。盲龜百年一出，得遇此孔。凡夫漂流五趣海，還復人身，甚難於此。」《顯揚論》曰：「一日月之照臨，名一世界。此一世界，九山八海和四洲。」九山是須彌山、持雙山、持軸山、擔木山、善見山、馬耳山、障礙山、持地山、小鐵圍山，八海是七個香水海和一個大鹹水海。須彌山與持雙山之間，乃至障礙山與持地山之間，當中都有一重香水海，八山之間共七香水海。最後持地山與小鐵圍山之間，有一重大鹹水海。此海中有東西南北四洲，盲龜在大鹹水海，百年一出頭，要碰入這飄流不停的浮木之孔。《四教儀》說：「在因之時，行五常五戒。中品十善，感人道身。」四洲中北洲無貴賤，餘三洲有輪王、粟散王、百僚、臺奴、豎子、僕隸、姬妾之分，皆由五戒十善之因，有上中下不同，故感果爲人有貴賤不等。我們現在已得人身，又聞佛法，就要依教奉行，依戒定慧種種法門降伏其心。

如照律下修行，則一天到晚持《毗尼日用》五十三咒。「佛制比丘，食存五觀。散心雜話，信施難消。大眾聞磬聲各正念。」維那在齋堂念了供養咒之後，呼此偈。比丘吃飯時要存五觀，一、計功多少，量彼來處（一鉢之飯，作夫汗流）。二、忖己德行，全缺應供（缺則不易，全乃可受）。三、防心離過，貪等爲宗（離此三過，貪瞋癡也）。四、正事良藥，爲療形枯（饑渴病故，須食爲藥）。五、爲成道業，應受此食（不食成病，道業何從）。五觀若明金易化，三心未了水難消，要常存慚愧心，莫失正念。聞聲悟道，見色明心，不要心外見鬼，各存正念者，一聲磬念一聲佛也。不說人我是非、散心雜話。施主一粒米，大如須彌山。若不自了道，披毛戴角還。修因感果如種田，水養禾苗，如智水潤心田。能念念在道，則處處都是道場。善用心者，心田不長無明草，處處常開智慧花。既然人身已得，佛法已聞，就要努力修行，勿空過日。

四月二十六日

打算出火宅　就要好好的修行

凡在三界之內，都要六道輪迴。六道之中，分三善道、三惡道。天、人、阿修羅，是三善道；畜生、餓鬼、地獄，是三惡道。六道之中，每一道都有千品萬類，貴賤尊卑各各不同。故經云：「譬如諸天，共寶器食。隨其福德，飯色有異。上者見白，中者見黃，下者見赤。」

欲界諸天有淫欲，四天王天與人間同，忉利天淫事與人間略異，只過風不流穢。夜摩天則執手成淫，兜率天但對笑爲淫，化樂天以相視爲淫，他化天以暫視成淫。《楞嚴經》說：「如是六天，形雖出動，心跡尙交，自此已還，名爲欲界。」色界已無淫欲，還有色身。《楞嚴經》說：「是十八天，獨行無交，未盡形累，自此已還，名爲色界。」但無粗色，非無細色。《淨名疏》云：「若不了義教，明無色界無色。若了義教，明無色界有色。」《涅槃》云：「無色界色，非聲聞緣覺所知。」《楞嚴經》云：「是四空天，身心滅盡，定性現前，無業果色，從此逮終，名無色界。」

三界輪迴淫爲本，六道往返愛爲基。可見有淫就有生死，斷淫就斷生死了。三界六道，身量壽命，長短不同。非非想處天，壽長八萬大劫，還是免不了生死輪迴。三界無安，猶如火宅。我們打算出火宅，就要好好的修行！

四月二十七日

不被境轉　修行就不錯過時光

有一件事要囑咐各位的，近日各處來信問本寺是否傳戒？大家知道的，我在這裡是住茅蓬。各位有緣，所以共住在一塊。現在要響應政府號召，自給自食。若人多了，一時生產不及，糧食就買不到。各位向外通信，切不要說這裡傳戒，因爲這裡不能多住人。

本寺的新戒曾要求我說戒，我看時節因緣。或在這裡說方便戒是可以的，但不能召集諸方新戒。若人過多，食住都成問題。現在農事忙到了不得，幸而秧已插了，但還有很多事要忙的。天天要吃，若不預爲計劃，就沒有得吃。老鼠都有隔年糧，我們也要有打算。時光迅速，又快到夏至了。夏至後日漸短，夜漸長，陽氣收了。人身造化和天地一般，身心動靜，行住坐臥，要順時調護。動中有靜，靜中有動。動勿被動轉，靜勿被靜轉。定是體，慧是用。眞是靜，俗是動。二諦圓融與天地之氣一般。修行辦道，無非調停動靜而已。動靜如法，隨心所安。動靜不如法，被境所遷。歡樂苦日短，憂愁歎日長。時光長短，唯心所造。一切苦樂，隨境所遷。

昔日有一禪和子在鼓山掛單，有一生癩病僧，別人看見都討厭他。這禪和子年紀才二十多歲，很慈悲細心招呼病僧。病僧好了，與禪和子一同起單。病僧曰：「我多謝你的照顧，病才醫好，否則我早就死了。你和我一齊到我小廟去住住吧！」禪和子說：「我先朝五台，將來再到你小廟去。」禪和子朝完五台，回到鼓山，訪那病僧。那病僧就在一金絲明亮的寺門邊迎接他說：「等你很久了，這麼遲到。」便倒一杯開水給他喝。禪和子說：「路上未吃飯呢！」病僧說：「請稍等一下，飯就送來。」病僧便去牽牛，犁田、播種、拔秧、插秧、薅草、割稻子、碾米、做飯，不知怎樣攪的，頃刻間飯就弄好了。飯吃完之後，禪和子想告假去，病僧請留一宿。迨天明下山，則江山依舊，人事全非，已改朝換代很多年了。

我們苦惱交煎，日子非常難過。他上山住一日夜，吃一頓飯下山，就改了朝代，過了很多年月。羅浮山沙門慧常，因採茶入山洞，見金字榜羅漢聖寺，居中三日而出，乃在茅山，人間五年矣。你看時間長短，是不是唯心所造呢？只要你能定慧圓融，二諦融通，深入三昧，一念無生，則見「無邊刹境，自他不隔於毫端，十世古今，始終不離於當念。」行住坐臥不要心外見法，每天不被境轉，任你暑去寒來，與我不相干。如如不動，念念無生。這就不被境轉，修行就不錯過時光了。

四月二十八日

法法都是了生死

同參道友們來問話，不要客氣，直道些好。本來諸方叢林問話的規矩，要恭恭敬敬，搭衣持具頂禮後，問訊長跪才請開示的。這裡是茅蓬境界不講究這些。甚麼道理呢？我現在一天到晚在煩惱中過日。你們多禮，我就更麻煩了。隨便隨時，那裡都可以問可以說，禪和子在巷裡牽牛，直來直去。譬如說點燈，用的是香油，就說是香油。用的是洋油，就說是洋油。你用功是念佛就談念佛，是參禪就談參禪。有那樣便說那樣，灑灑脫脫的好。若說我樣樣都不曉得，請你慈悲開示，這就是虛偽了。如德山隔江招手，他也知你的長短。

本來法法都是了生死的。參禪、念佛、看經、禮拜種種法門，對機而說。你是甚麼機，對你說甚麼法。「佛說一切法，爲度一切心。我無一切心，何用一切法？」如中藥分君臣佐使，配合妥當，吃了出一身大汗，病就好了，藥就不要了。古人說：「但盡凡心，別無聖解。」凡夫心盡，當下是佛，不用向外馳求。向外馳求，即是外道。心外一無所得，自心是佛。凡夫心，就是執著心。生氣、生歡喜、毀譽動心、貪色、貪財、穿好、吃好、偷懶、打無明、不上殿等等習氣毛病，甚至想成佛，都是凡夫心。若能凡聖雙忘，一切處如如不動。不向外求，則見自心是佛。辭親割愛，以參禪念佛等法門除此等凡心。以毒攻毒，病去藥除。

同參們請開示，常說妄想多，這不要緊。不參禪，不念佛，你還不知有妄想。因爲用功迴光返照，就知道有妄想。識得妄，你不要理會他，如如不動。若生心動念，就見鬼了。日久功深，水滴石穿，口誦心惟，自然歸一。參禪可以悟道，念佛忘了我也能悟道。一念不生，直下承當，這裡正好用功。希望各位百尺竿頭更進一步。

四月二十九日

辦道 只叫除習氣

講起辦道，諸佛菩薩只叫除習氣。有習氣就是眾生，無習氣就是聖賢。聖賢的妙用，識得則煩惱是菩提，識不得則菩提成煩惱。煩惱與菩提，如反掌覆掌。這些話說是容易，行就爲難。所以鳥窠禪師說：「諸惡莫作，眾善奉行」這八個字。「三歲孩兒雖道得，八十老人行不得。」

虛雲慚愧萬分，習氣深了，不能回頭，不能放下。到這裡住茅蓬，本想「楖栗橫擔不顧人，直入千峰萬峰去」的。常住的事，不要我理。理了，就是多管閒事。從前當過兩天家，習氣難除，至今放不下。事情看不過去的偏愛講。當家說過，今早不出坡，我還叫出坡。有人說我這就是封建，是多管。這件事公說公有理，婆說理更多。當家說大眾太辛苦了，休息一下是對的。但國家號召我們努力生產，我們借了政府幾萬斤米，怎能不響應號召努力生產呢！雖然要大家吃苦，這是有理由的。我要開腔多嘴，是怕下半年買不到米。因爲我們每人每日買米一斤半，現在木匠買米已節約，減了三兩，我看我們也快要減的。米少了又不增產，就不夠食。若今天休息，明天是初一又休息，後天若下雨。那就一連休息三天不出坡，豈不誤了生產。有此原因。

你們說我封建就封建，但我封建中有不封建，專制中有不專制，和有強權無公理的不同。現在春雨土鬆，若不趁此時候多辛苦一點，請問下半年吃甚麼呢？雖說辛苦，但我們比山下的老百姓已經好得多了。他們這幾天幫我們插秧才有大米吃，每天光頭淋雨還不敢躲懶。一懶又怕我們不用他，所以這麼苦。他們還要幹，我們沒他們這麼苦，何以還說苦呢！

端午

一念無生　認識本來面目

今天端午節，本是世俗的紀念日，佛門不在這裡執著。虛雲以前也隨順世情，住近城市也有人送粽子，常住也隨俗過節。現在雲居山沒人送粽子來。粽子本來是給鬼吃的，我們何必要包粽子！包粽子費工夫，所以只煮糯米飯應節算了。人生世上，總宜流芳千古，切勿遺臭萬年。國家所重的是忠義節烈，佛門弟子，一念無生，認識本來面目，誰管他吉凶禍福。但未見無生的，就逃不出吉凶禍福。

這幾天鬧水災，去年鬧水災也在這幾天。今年水災怕比去年更壞，我放不下，跑出山口看看，只見山下一片汪洋大海。田裡青苗比去年損失更多，人民糧食不知如何？我們買糧也成問題，而且買糧的錢也沒有。所以要大家刻苦度過難關。這次沒有米賣，幸蒙政府照顧，買到穀子。以前買米每人每天一斤半，現已減了四兩，只能買二十兩米，以穀折米。要打七折八折，一百斤穀子作七十斤米。要多買也不行，買穀比買米吃虧，買麥麵一擔二十幾元，一擔麵粉等於兩擔米錢，更花得多了，但不買又不行。所以要和大家商量節約省吃，從此不吃乾飯，只吃稀飯。買穀怕買不到，自己種的又未長成，先收些洋芋摻在粥內吃。洋芋每斤一角二分，價比米貴。好在洋芋是自己種的，不花本錢，拿它頂米度過難關，我們要得過且過。

五月十五日

方便制戒　使衆生斷除習氣

叢林布薩，一個月內黑月白月兩回。《梵網經》、《四分戒本》，每月本來都要誦兩次，今只半月誦《梵網經》，半月誦《四分戒本》，已省略了。梵語「布薩」，華言「淨住」、「善宿」，又曰「長養」。謂每月集眾說戒經，使比丘住於淨戒中，能長養善法也。佛觀一切眾生苦惱輪迴，背覺合塵，習氣除不了。故方便制戒，使眾生斷除習氣，背塵合覺。

佛所說的戒律，梵語稱「毗奈耶」，華言曰「滅」，或曰「律」，新譯曰「調伏」。戒律滅諸過非，故曰「滅」。如世間之律法，斷決輕重之罪者，故云「律」。調和身語意之作業，制伏諸惡行，故云「調伏」。戒律條文多少，怕你忘記。所以每月二戒本都要誦二次。菩薩戒是體，比丘戒是用。內外一如，則身心自在。誦戒不是過口文章，要說到行到。講到持戒也實在爲難，稍一彷彿就犯了戒。持戒這事，如頭上頂一碗油似的，稍一不愼，油便漏落，戒就犯了。

半月誦戒，誦完要記得。口誦心惟，遇境逢緣就不犯戒，不起十惡。佛制半月誦戒之意在此。初發心的格外要愼重，很多人年老還靠不住。果能一生直到進化身窯，那時都不犯律儀，才算是個清淨比丘。戒律雖有大小性遮之分，皆要絲毫不犯。持戒清淨如滿月，實不容易，不可不小心。未曾受戒的，別人誦戒不能往聽，只能誦戒前在齋堂聽和尚囑咐。不要忘記出家根本。論到出家，表相不難，不比過去要剃髮。現在很多俗人都是光頭的，出家只穿上大領衣就名僧人。但誰是眞的僧人呢？如人飲水，冷暖自知，務望各自精進！

五月十六日

受佛戒是難得希有之事

昨夜說的黑月白月誦兩重戒法，這是世尊金口所宣。佛將涅槃時，阿難尊者問佛：「未來比丘以何爲師？」佛曰：「汝等比丘，於我滅後，當尊重珍敬波羅提木叉。如闇遇明，貧人得寶，當知此則是汝等大師。若我住世，無異此也。」「波羅提木叉」，華言「別解脫」，謂身口七非五篇等戒，不犯則能解脫。以波羅提木叉爲師，即以戒爲師也。戒條既多，怕會忘記。故黑月白月都要誦戒，以便記持不犯。

曾受某戒，許誦某戒、聽某戒。未曾受過的戒，不許誦、不許聽。未受而誦而聽就不合法。故誦戒法師在誦菩薩戒前問曰：「未受菩薩戒者出否？」維那答曰：「此中無有未受菩薩戒者。」誦比丘戒也要這樣問。佛門弟子共有七眾，一、比丘，二、比丘尼。這是男女之受具足戒者。三、式叉摩那，此云學戒女，習學六法故。四、沙彌，五，沙彌尼，這是男女之受十戒者。六、優婆塞，七、優婆夷，此是男女之受五戒者。沙彌不許聽誦比丘戒，怕沙彌見比丘犯戒而生我慢貢高，輕視比丘。故誦戒之前，沙彌進齋堂，頂禮長跪。上座撫尺云：「諸沙彌諦聽。人身難得，戒法難聞，時光易度，道業難成。汝等各淨身口意，勤學經律論，謹愼莫放逸。」沙彌答曰：「依教奉行。」上座又說：「既能依教奉行，作禮而退。」沙彌一拜起，問訊出堂。沙彌出堂之後才開始誦戒。受了佛戒，當下即得清淨戒體，即得解脫，即入佛位，位同大覺，是眞佛子。

受佛戒是難得希有之事，所以受戒後要謹愼護戒，寧可有戒而死，不可無戒而生。《僧祇律》云：「波羅脂國有二比丘，共伴來詣舍衛，問訊世尊。中路口渴無水，前到一井。

一比丘汲水便飲，一比丘看水見蟲不飲。飲水比丘問伴比丘言：『汝何不飲？』答言：『世尊制戒，不得飲蟲水故。』彼復勸言：『長老但飲，勿令渴死，不得見佛。』答曰：『我寧喪身，不毀佛戒。』遂便渴死，即生忉利天上，天身具足。是夜先到佛所，禮足聞法，得法眼淨。飲水比丘，後日乃到佛所，佛知而故問：『汝從何來？為有伴否？』彼即以上事答。佛言：『癡人！汝不見我謂得見我，彼死比丘已先見我。若比丘放逸懈怠，不攝諸根，雖共我一處，彼離我遠。彼雖見我，我不見彼。若有比丘，於海彼岸，能不放逸，精進不懈，斂攝諸根。雖去我遠，我常見彼，彼常近我。』」

和這位持戒比丘比較一下。我們是一天到晚烏煙瘴氣，和豬八戒一般，那裡像佛的弟子呢？佛制比丘喝水，要用濾水囊，把水濾過才喝。中國現在誰用濾水囊呢？佛又方便。喝水時只許用肉眼觀水，不許用天眼觀水。因為用天眼觀，則水中蟲多，皆喝不得。勉強喝了，又犯戒故也。所以不管你看見水有蟲無蟲，照《毗尼日用》規定，凡飲水都要持偈念咒。偈曰：「佛觀一鉢水，八萬四千蟲。若不持此咒，如食眾生肉。」咒曰：「唵嚩悉鉢羅摩尼莎訶。」

時光易度者，一日十二時辰，晝六時、夜六時，一天二十四小時。一小時四刻，一刻十五分鐘，一分六十秒。時間是刹那刹那的過，刹那刹那的催人老。你們沙彌，自出娘胎至今，轉眼就二三十歲。你看時光是不是易過？道業難成。初出家的道心都好，日子久了就懈怠起來。所以說：「出家一年，佛在眼前。出家二年，佛在西天。出家三年，問佛要錢。」既道心不長，道業就難成了。露水般的道心，怎能了生死呢？

所以最後就囑咐你們說：「汝等各淨身口意，勤學經律論，謹慎莫放逸。」勤者精進不後退，如孔子所說：「學而時習之。」不分晝夜，行住坐臥，朝於斯，夕於斯，磨煉身心，清淨三業。「經」者，徑也，即了生脫死之路徑。「律」者，戒律，即五戒十戒比丘菩薩等戒也。「論」者，佛大弟子發揚經律之妙義的著作。汝等沙彌，既發心爲道，就要勤學經律論，勿空過日！

五月十七日

只要識得平常心　一切處都是道

昔日趙州問南泉「如何是道？」泉曰：「平常心是道。」州曰：「還可趣向也無？」泉曰：「擬向即乖。」州曰：「不擬爭知是道！」泉曰：「道不屬知，不屬不知。知是妄覺，不知是無記。若眞達不疑之道，猶如太虛，廓然蕩豁，豈可強是非也耶？」州於言下悟理。

我們說古人的空話。說平常心，人人都有。但怎能見得他是道呢？只要識得平常心，則一切處都是道。不識這平常心，就顚顚倒倒了。何故呢？我們不能迴光返照，向外馳求，背覺合塵。朝朝暮暮，隨境遷流。背道而馳，摸不著自己的臉孔。怎樣叫平常心呢？平常就是長遠。一年到頭，一生到死，常常如此，就是平常。譬如世人招待熟客，只用平常茶飯，沒有擺布安排。這樣的招待可以長遠，就是平常。如有貴客到了，弄幾碗好菜，這就是不平常的，只能招待十天八天。家無常禮，故不平常的招待，是不能長久的。

修心人能心無造作、無安排、無改變、無花言巧語等，這就是平常心，就是道，也就是直心是道場的意思。六祖謂智隍禪師曰：「汝但心如虛空，不著空見，應用無礙，動靜無心。凡聖情忘，能所俱泯，性相如如，無不定時也。」這些話也是說的平常心。與這些話不相應的，是在鬼窟裡作活計，就不平常了。

昨夜說戒律。初發心的，初生信心。歸依三寶，求受五戒。再進步的，知人生是苦，而捨俗出家，入山修道。知比丘尊貴，而受具足戒。又發大心而受菩薩戒，在戒堂聽引禮師苦口叮嚀，說到「寒心而生慚愧」。那時怕六道受苦而發道心，聞法淚下。問某戒能持否？都答曰能持。但受戒完了，過些時候，老毛病復發，就退道心，就不平常，反以貪瞋癡爲平常了。明道的人動靜無心，善惡無念，性空即無心，無心即道。初出家人不知佛法如何？規矩如何？修行如何？須知欲了生死，先要循規蹈矩，如孔子之制禮作樂，亦無非教人規矩，與佛戒律無異。執身即除習氣，身得自由則心有依處。

古人行住坐臥四威儀中，有執身次序的偈曰：「舉佛音聲慢水流，誦經行道雁行遊。合掌當胸如捧水，立身頂上似安油。瞻前顧後輕移步，左右回視半展眸。威儀動靜常如此，不枉空門做比丘。」以冰清玉潔的音聲，稱念諸佛聖號，這是念佛法門。進一步問念佛的是誰？就是參禪了。若不迴光返照，只口念佛而心打妄想，隨念遷流，這樣念佛就無用。念佛要口念心惟，以智觀照。聲音不緩不急，如水慢流。口念耳聽，不打妄想，念念流入薩婆若海。一聲佛號有無量功德，只此一聲佛號就能度無量眾生。

誦經或照經文直誦，或背誦，或跪誦，或端坐而誦，或默念皆可。隨文觀想，看經中說的甚麼道理。行道即經行，一步一步不亂，不東歪西倒。如空中雁行有次序。一個跟一個，不緊不疏的行。一切處都是用功。

合掌兩手不空心，十指緊密，不偏不倒，如捧水一般，若一偏側，水就傾瀉了。站如松，兩腳八字，前寬八寸，後寬二寸。身直，頭不偏不倚，後頸靠衣領，如頂一碗油在頭上一般，不正則油瀉了。行如風，要照顧前後，輕輕移步，鞋不拖地，行樓板不要響。生草不踏，愛護生物。開眼看東西，只展半眼，所看不過三五七尺遠。

行住坐臥能具威儀，使人一望生敬。若不先自檢責，何以化導群機？既自治之行可觀，則攝化之門不墜。有道無道，舉止如何？別人一看便知。心能平常則始終不變，經歷風波險阻，此心如如不動。

如憨山老人者就是我們的模範。他老人家生於明朝嘉靖二十五年丙午十月十二日，十二歲請於母出家，禮南京報恩寺西林和尚為師，受具戒於無極和尚。二十歲西林和尚寂後，房門大小事，眾皆聽憨山決之。後從雲谷大師在天界坐禪，二十八歲遊五台。見憨山甚佳，因以為號。二十九歲閱《肇論》，悟不遷義。妙峰謂之曰：「且喜有住山本錢矣！」三十歲發悟，說偈曰：「瞥然一念狂心歇，內外根塵俱洞徹。翻身觸破太虛空，萬象森羅從起滅。」自披剃至七十一歲冬，遊雙徑，上堂說法，啓口數千言，不吃一字。侍前傳錄，疲於奔命，目不暇接，其詳細史實，具載年譜中。

他老人家一生歷史，數十年中，環境千變萬化，千辛萬苦而道心始終不變。這就是平常心、長遠心，就是我們的模範。他遺戍雷陽時，作《軍中吟》云：「緇衣脫卻換戎裝，始信隨緣是道場。縱使炎天如烈火，難消冰雪冷心腸。」把自己堅固不變的心都吐露出來。

佛法到今日更衰微，起過不少風波。解放前，全國僧尼還有八十萬，去年只餘七萬多，還俗的十佔其九，這就是無長遠心、無堅固心。烈火一燒，就站不住腳。若是眞佛弟子就要立志，具鐵石心腸。先學威儀，循規蹈矩，不怕人說你腦筋不醒，要死心崇奉佛的教誡。由於多劫種下善根，此生才得入佛門，就要努力求道除習氣。不入名利場，不當國王差，把心中的習氣，一點一點的除去，即是大修行人。得入理體，堅固心歷久不變，平常心動靜一如。

五月十八日

萬緣放下　努力修行

《禪門日誦》上載有憨山大師《費閑歌》十首，講十件難事。這十件事辦不到，就是空費力，就是閑無用，故曰《費閑歌》。若把這十事做到，就了生死。十件難事是，體道難、守規難、遇師難、出塵難、實心難、悟道難、守關難、信心難、敬心難、解經難。我與古人一比，自知慚愧，不敢多舂殼子。別人把我當古董看待，以爲我有道德。我不敢多說話，別人認爲我裝憨。此事如人飲水，冷暖自知，並非我客氣。古人說：「畫虎畫皮難畫骨，知人知面不知心。」

我內心的慚愧誰能知道呢？我騙佛飯吃，比你們多幾年。你們不相信苦惱業障，我的苦惱又說不出。現在只吃空飯，講話也講不好。講的又不是自己的，只是前人的典章或諸方的口水，都是眼見耳聞的，自己肚裡一點也沒有。古聖先賢，千佛萬佛，傳一心印，不說一語。佛祖相傳，無非如此。古人說得到行得到。

別人不知我的苦惱，還以為我了不得。明眼人會說我：「你何不自己講講自己。」前天杭州某人來一封隱名信指責我說：「抑其有以宗匠自命者，咸多墨守偏空。縱有滿腹知解，對本分上一點不能相應，阿附權貴，廣收門徒。雖名喧一時，亦不足重。………故有秘戒，不許濫傳於不道不明不聖不賢之人。若遇其人而不傳，則必受其殃。若傳非其人，亦受其殃。未審大師遇有應傳而不傳，不應傳而傳者之事否？（按：傳者，傳法也。）………一、和尚蓄鬚，沙門敗類，開千古破戒之風，留後人譏諷之玷。二、雲門羅難，不明事機，徒以宿業果報而自慰，造成三僧失蹤，一僧身亡，空前未有之慘聞。有此二事，足以證明大師功過深淺矣！………」

孔子說：「丘也幸，苟有過，人必知之。」

這封信指責我，就是我的善知識，我很感謝他。可惜他的信不署名，又沒有回信地址。他說：「蓋以大師之神明，當可知也。倘有緣分，請一回示為禱。」因此，我寫信到杭州托心文法師打聽這封信是誰寫的，想和他通個信。他說我以宗匠自命，又說「就學人所知者，其能行解相應作法門之龍象者，不愧為人天眼目者，捨大師其誰能當之」等語。

他最初責我以宗匠自命，我何嘗敢以宗匠自命。繼又讚歎我捨大師其誰能當之，這些話我實不敢當。問我傳法之事，我自己應不應得法也不知。哪裡敢說傳不傳呢！

談到和尚蓄鬚這件事，旁人對我是不清楚的。我初出家時，誤學頭陀留鬚髮帶金箍。那時不明教理，早就錯了。後來被善知識一罵就剃了，以後每年剃一次頭，每逢除夕洗一次腳，平生不洗澡。既然一年才剃一次頭，平常不剃頭就不剃鬍子。

我不是有意養鬍子的，照佛制度，應該剃除鬚髮。中土風俗，以鬚眉男子爲大丈夫相，認爲身體髮膚受之父母。所以中土祖師亦有順俗留鬍子的。說到雲門羅難，責我不明事機。這事亦與我無干。誰失蹤？誰身亡？我也不知。古來酬還夙業果報而罹難的祖師很多。以上的話，由於我放不下而說的。平常會說古人的話來勸人，遇到境界，自己就打不開。眞所謂「能信不行空費力，空空論說也徒然。」我長年害病，無力行持。不能如古人那樣要死就死，要活就活，來去自由。初發心同參們，不要提我的虛名，不要聽我的空話，要各人自己努力。自不努力，向外求人，都靠不住的。行持，不限出家在家，都是一樣。

講個典章你們聽。雲南有一位秤錘祖師，明朝人，姓蔡。住昆明小東門外，父母去世，遺下財產田園。生活過得很好，勤儉勞動，自種菜蔬出賣作零用。妻年輕貌美，好吃懶做，和野漢子私通。蔡雖明知此事也不說她。日子久了，她更膽大，天天和野漢子私通，毫無顧忌了。

有一天，蔡很早就出門賣菜，預計野漢尙未離家，就買好酒肉帶回家。這時野漢尙未離去，只好躲在床下。蔡入廚弄飯菜，妻覺得不好意思，就去洗臉並幫丈夫弄飯菜。飯菜弄好了，蔡叫她擺碗筷。她擺了兩套碗筷，蔡叫她擺三套。「我今天請客。」她擺好了。蔡叫她請客出來喝酒。她說：「客在哪裡？」蔡曰：「在房裡。」她說：「你不要說鬼話，房裡那有客！」蔡說：「不要緊，不要害怕，你請他出來好了。若不出來，我就給他一刀。」妻不得已，就叫野漢子出來。蔡請野漢子上座，向他敬酒。野漢子以爲有毒不敢喝，蔡先喝了再請他喝，野漢子才放心。酒菜吃飽了，蔡向野漢子叩頭三拜。說：「今天好姻緣，我妻年輕，無人招呼，得你照顧很好。我的家財和我的妻都交給你，請你收下吧！」妻和野漢子都不肯。蔡持刀說：「你們不答應，我就要你們的命。」二人沒法，只好答應下來。

蔡於是隻身空手出門，往長松山西林庵出家。一面修行，一面種菜，後來用功有了見地。再說野漢子財色雙收以後，好吃懶做。老婆天天挨打挨罵吃不消，她悔恨了。跑到西林庵請蔡回家，想重尋舊好，蔡不理她。後來野漢子把家財吃光了，弄到她討飯無路。她想起蔡的恩情，想報答他。蔡平常好吃昆陽的金絲鯉魚，她就弄好一盤金絲鯉魚，送到西林庵給蔡吃。蔡收下說：「我領了你的情了，這些魚我拿去放生。」妻曰。「魚已煮熟了，不能放生。」蔡即將魚放在水裡，魚都活了。直到現在，昆明黑龍潭古跡，還有這種魚。蔡是俗人，對妻財子祿能放得下，所以修道能成功。奉勸各位都把萬緣放下，努力修行，期成聖果吧！

五月二十日

膽大包身　不被境轉

佛所說法，千經萬論，總是要叫眾生明自己的心。「若人識得心，大地無寸土。」眾生無量劫來，被物所轉，都是心外見法，不知自性。本來無一物，萬法了不可得，妄執心外有法，成邪知邪見。既然說識得心無寸土，那就算了。何必還說許多名堂？甚麼三歸五戒，三千威儀，八萬細行等等。說這麼多法門，無非對治眾生的心而已，眾生習氣毛病，有八萬四千煩惱。所以佛就有八萬四千法門來對治。

這是佛的善巧方便。你有甚麼病，就給甚麼藥。佛說一切法，為度一切心。若無一切心，何用一切法？眾生無量劫來，被無明煩惱污染了眞心。妄認四大為自身相，不知此身畢竟無體，和合為相，實同幻化。今欲返本還原，要先調身，斷除習氣。把粗心變爲細心，從有爲到無爲，在自性清淨身上用功。行住坐臥，一天到晚，如切如磋、如琢如磨，小心謹愼，斷除習氣。膽要大，心要細。膽大包身，不被境轉。心細則氣細，否則粗心浮氣。這種情形可以自己檢查。

一般人在勞苦奔波忙忙碌碌時，就氣喘息粗。有定力功夫的人，再忙也不喘氣。一天到晚，總是心平氣和的。一心不亂就是定，妄無本體，有定就無妄，就能復本心源。功夫從外頭做起，先講威儀教相，行住坐臥都有威儀。不要說忙得要死，還講甚麼威儀。既然做如來之弟子，先聖之宗親，出入於金門之下，行藏於寶殿之中，就要做到任他波濤浪起，振錫杖以騰空。假使十大魔軍，聞名而歸正道。怎能因爲忙了就不講威儀呢？

昔日浮山遠錄公謂其首座曰：「所以治心，須求妙悟。悟則神和氣靜，容敬色莊，妄想情慮，皆融爲眞心矣！」「以此治心，心自靈妙，然後導物，孰不從化。」所以有「眼」的人，看你一舉一動，威儀怎樣，就知你有道無道。佛在世時，舍利弗初爲婆羅門，路逢馬勝比丘，見他威儀很好，心生恭敬，從之問法。馬勝比丘說：「諸法從緣生，諸法從緣滅。我佛大沙門，常作如是說。」舍利弗聞偈得法眼淨，歸與親友目連宣說偈言，亦得法眼淨。即時各將弟子一百，往詣竹園求願出家。佛呼善來比丘，鬚髮自落而被法服，即成沙門。

你看馬勝比丘只是行路威儀好，便成如是功德。這就是以威儀導物，孰不從化的例子。初發心的同參們，要向古人習學。一心觀照自己，行住坐臥，二六時中，一切無心，不被物轉。若不如此，不守本分，隨妄流轉，何異俗人。雖說出家辦道，都是空話。各人留心！

五月二十一日

極少能把錢財看穿的

《楞嚴經》上，佛說：「如我按指，海印發光。汝暫舉心，塵勞先起。」我們和佛就如此不同。《楞嚴》一經，由阿難發起，作我們的模範。全經著重說「淫」字，由這「淫」字，說出很多文章來。最初由阿難示現：「因乞食次，經歷淫室，遭大幻術。摩登伽女，以娑毗迦羅先梵天咒，攝入淫席，淫躬撫摩，將毀戒體。如來知彼，淫術所加。齋畢旋歸，王及大臣、長者居士，俱來隨佛，願聞法要。於時世尊，頂放百寶無畏光明，光中出生千葉寶蓮。有佛化身，結跏趺坐，宣說神咒，敕文殊師利，將咒往護。惡咒銷滅，提獎阿難及摩登伽，歸來佛所。阿難見佛，頂禮悲泣，恨無始來，一向多聞，未全道力。殷勤啓請，十方如來得成菩提，妙奢摩他、三摩、禪那，最初方便。」

佛應阿難之請，就說出一部《楞嚴經》來。阿難遇摩登伽女，並非做不得主，這是菩薩變化示現世間，非愛爲本，但以慈悲，令彼捨愛，假諸貪欲，而入生死。《圓覺經》說：「一切眾生從無始來，由有種種恩愛貪欲，故有輪迴。若諸世界，一切種性，卵生、胎生、濕生、化生，皆因淫欲而正性命。當知輪迴，愛爲根本。」所以說：「三界輪迴淫爲本，六道往返愛爲基。」世人有在家、有出家，有爲道、有不爲道。凡自性不明的都在五欲中滾來滾去，五欲就是財、色、名、食、睡。由此五欲，生出喜、怒、哀、樂、愛、惡、欲七情，七情又綑五欲，因此生死不了。

如經所說：「南閻浮提眾生，以財爲命。」人的投生，起首於淫欲，及至出生後，就以財爲主。廣慧和尚勸人疎於財利，謂「一切罪業皆因財寶所生。」所以五欲第一個字就是財。人有了錢財，才有衣食住，才想女色娶妻妾。人若無財，甚麼事都辦不成。可見財的厲害了。世人總以有財爲樂，無財爲苦，無財想有財，少財想多財。有了白銀又想黃金，不會知足的。既爲自己打算又爲子孫打算，一生辛苦都爲錢忙。不知有錢難買子孫賢，無常一到，分文都帶不去，極少能把錢財看穿的。

從前有三個乞丐。一人手上拿一條蛇，一人手上拿一個蓮華落，一人手上拿一個糞袋，同時行路。看見地上一文錢，頭一個乞丐看見就拾起這文錢，第二個說：「我先看見的，這文錢應該歸我。」第三個也說：「我先看見的，這文錢應該歸我。」三個乞丐就爲這一文錢，在路上打起來。衙門差人經過，看見他們打得凶，恐怕打出人命，就把三人帶進衙門見官，判斷是非。官坐堂上，問明原由，便說道：「這一文錢作不得甚麼用，不要爭了。」三人都說：「我窮到一文錢都沒有，對此一文怎能不爭？」官說：「你們各自說出窮的情形，待我看那個最窮，就判這文錢歸那個。」第一個說：「我最窮了。屋漏見青天，衣破無線聯。枕的是土磚，蓋的是草墊。」第二個說：「我比他更窮。青天是我屋，衣裳無半幅。枕的是拳頭，蓋的是筋骨。」第三個說：「他們都不如我這樣窮。我一餓數十天，一睡大半年。死得不閉眼，只爲這文錢。」

官聽了大笑。這齣戲是譏貪官汙吏的。世尊說法，講錢迷人的多得無比，出家也很多被錢迷的。從前是錢，現在是紙，更累死了，離了它就不能過日。你要生產就要工具，沒有錢買不到工具，就種不出東西。我們整天忙，是不是也爲這文錢呢！

世人衣食足了之後，又貪色。這個「色」字不知害了多少人，古來帝王由於貪色而致亡國的也不少。昔夏桀伐有施，得妹喜爲妻，由此荒淫無道，爲商湯所滅。商朝的紂王愛妲己，嗜酒好色，暴虐無道。周武王伐之，兵敗自焚死。古時沒有電話電報，邊防告警則舉烽燧。其法，作高土臺，臺上作桔皐，桔皐頭上有籠，中置薪草。有寇即舉火燃之以相告。曰烽。又多積薪，寇至即燔之，望其煙，曰燧。晝則燔燧。夜乃舉烽。此臺烽燧既作，鄰臺即相繼遞舉，以告戍守之兵。周幽王寵褒姒，不好笑，王百計悅之，仍不笑。王乃舉烽火以征諸侯，諸侯至而無寇，褒姒乃大笑。後西夷犬戎入寇，王舉火徵兵，諸侯不至，犬戎遂弒王於驪山之下，並執褒姒以去。這事叫烽火戲諸侯。貪色之禍，無量無邊，說不完了。

利和名是相連的。名有好有壞，或是流芳百世，或是遺臭萬年。三皇五帝是聖君賢王的典型。禹受治水之命，八年於外勞心焦思，三過家門而不敢入。開九州、通九道、陂九澤、度九山，遂竟全功。乃定九州之貢賦，立五服之制，四夷賓服。湯王出，見羅者方祝曰：「從天下者，從地出者，四方來者，皆入吾羅。」湯曰：「嘻。盡之矣！」乃命解其三面，留其一面，而告之曰：「欲左者左，欲右者右。不用命者，乃入吾網。」這就是聖君賢王流芳百世的德澤。王莽曹操秦檜等就遺臭萬年。

諸佛菩薩、諸大祖師，有眞道德，雖不求名而名留千古。善星比丘、寶蓮香比丘尼，生墮地獄，罪業深重，自然遺臭萬年。這個名眞害人。說你好，有道德，難行能行就歡喜，就是好名。被罵就不高興，也是爲名。說好不好，總被名轉。眼前槍易躲，背後箭難防。從前禪堂午後吃了點心粥，有禮佛的，有到監値寮開茶話會的。說你的功夫用得好，就生歡喜。說不好，臉就放下來了。講小座也是一樣，說你好就歡喜，說你不好就不願意，也是被名轉。

食也有利有害。君子食無求飽，居無求安。古人一心在道，野菜充饑，心定菜根香。如大梅法常禪師那樣，「一池荷葉衣無盡，數樹松花食有餘。剛被世人知住處，又移茅舍入深居。」世人貪食，專在酸甜苦辣鹹淡甘辛裡打滾，務求珍饈美味，肆意傷生害命以資口腹。也有吃素的人，弄齋菜還叫葷菜名，甚麼綑雞、油肉丸等等名目。這是習氣不忘，殺心還在，雖不是眞吃葷也犯了戒了。好好醜醜，到肚裡都變爲屎，何必貪求美味？爭奪不休呢？好的吃得多，屁也多、屎也多，有甚麼好處呢？

睡覺更不得了，貪睡的人更多了。一年三百六十日，一天二十四小時。白天做事，夜裡睡覺，平均一年睡了一百八十天。可見睡覺這事，浪費不少光陰，眞是害死人。眞修行人愛惜光陰。依《佛遺教經》說：「晝則勤心修習善法，無令失時。初夜後夜，亦勿有廢。中夜誦經，以自消息。無以睡眠因緣，令一生空過，無所得也。」故有睡用圓木爲枕及不倒單等法克服睡魔的。不發道心，不知慚愧。好吃懶做的人，特別貪睡，左邊睡醒了又右邊睡，而且日以繼夜的睡。看經聽法、坐香念佛都睡，把大好光陰全都浪費了。究竟出家所爲何事呢？古德云：「聞鐘臥不起，護法善神瞋。現世減福慧，死後墮蛇身。」潙山老人云：「如斯之輩，蓋爲初心慵惰，饕餮因循，荏苒人間，遂成疎野。」又說：「感傷歎訝，哀哉切心，豈可緘言，遞相警策。」希望有心求道，願出生死的人，切勿再被五欲七情所轉。努力勤修，莫空過日！

五月二十三日

依教奉行　絕不能絲毫違犯

世上軍令嚴肅，令行如山倒，誰也不能違他。佛所說法，亦如軍令一般，爲佛弟子，只有依教奉行，絕不能絲毫違犯。前幾天說的，布薩時上座對沙彌說：「汝等各淨身口意，勤學經律論，謹愼莫放逸。」既已出家，就要痛念生死，如救頭燃，怎敢放逸呢？勤學經律論三藏聖教，尋求了生脫死的途徑和方法，經律論名爲三藏者，因此三者皆包藏文義也。

經說定學，律說戒學，論說慧學，故三藏亦即三學。梵語「素怛纜藏」或曰「修多羅藏」，譯曰「綖」，謂佛之言說，能貫穿諸法，如綖之貫花鬘也。又譯曰「經」，經者具常法二義，且經之持緯，恰具綖義。梵語「毗奈耶藏」，或曰「毗尼藏」，譯曰「滅」，謂滅三業過非也。梵語「阿毗達摩藏」，舊作「阿毗曇藏」，譯曰「對法」，以對觀眞理之勝智而名；又譯「無比法」，謂勝智無比也。別名「優婆提舍」，譯曰「論」，論諸法之性相而生勝智，故別名爲論。既受三壇大戒者，便是大丈夫和菩薩。又發了菩提心，就要做大丈夫和菩薩的事。梵語「菩提」，此譯爲「道」，道者是心是理，心之妙理，體同虛空，徧三界十方，包羅萬象。發如是菩提心，就是菩薩大丈夫。

諸佛慈悲說三乘法，重重指明。就戒律言，佛制比丘，五夏以前，專精戒律。五夏以後，方許聽教參禪，可見學戒守戒是佛弟子最重要的事。《梵網》律有十重四十八輕，犯十重是波羅夷罪。「波羅夷」，此譯爲「棄」，或曰「退沒」，或曰「不共住」，或曰「墮不如意處」，或曰「斷頭」、「無餘他勝」等，是戒律中最嚴重之罪也。

律中有開有遮，小乘與大乘不同。開者許之義，遮者止之義。許作曰開，禁作曰遮。開要看時節因緣，是額外方便，沒有因緣是不開的。遮則一遮永遮。小乘與大乘有很多相反的，小乘持即大乘犯，大乘持即小乘犯，其詳細條章可看毗尼止持、作持等書。具足戒中，比丘有二百五十戒，比丘尼有三百四十八戒，分爲五篇。一曰波羅夷罪，譯曰「斷頭」，其罪最重。如斷頭不能復生，不復得爲比丘也。此篇比丘有四戒，比丘尼有八戒。二曰僧殘罪，梵名「僧伽婆尸沙」。「僧」者「僧伽」之略，「殘」爲「婆尸沙」之譯。謂比丘犯此戒，殆瀕於死，僅有殘餘之命。因此而向於僧眾懺悔此罪，以全殘命，故名僧殘。此篇比丘有十三戒，比丘尼有十七戒。三曰波逸提罪，譯曰「墮」，謂墮地獄也。此篇比丘有一百二十戒，比丘尼有二百零八戒。四曰提舍尼罪，具云「波羅提舍」，譯曰「向彼悔」，向他比丘懺悔罪便得滅也。此篇比丘有四戒，比丘尼有八戒。五曰突吉羅罪，譯曰「惡作」，其罪輕。此篇比丘有百眾學法。另有二不定法、七滅諍法，共一百九戒。比丘尼有百眾學法、七滅諍法。

比丘，除在三際四威儀中嚴守二百五十戒，成三千威儀外，還要在二六時中遵照《毗尼日用》，持誦五十三咒，如是降伏其心。制身不行，又有三聚圓戒之說，每一戒皆具攝律儀戒、攝善法戒、攝眾生戒之三聚也。如不殺生一戒，即具三聚者，謂離殺生之惡是攝律儀，爲長慈悲心是攝善法，爲保護眾生是攝眾生。《楞嚴經》云：「若諸比丘，不服東方絲綿絹帛，及是此土靴履裘毳，奶酪醍醐。如是比丘，於世眞脫，酬還宿債，不遊三界。」小乘有因緣可吃牛奶，菩薩吃不得。絲綿裘毳等亦然，這是小乘大乘開遮持犯的不同。又比丘不拿銀錢、不存一米、不吃隔宿飲食，當天化飯吃不完的不留。菩薩開了，拿銀錢不犯。酒是五根本戒之遮重戒，大乘小乘不准開。惟大病非酒不治者，白眾後可用。戒律開遮因緣微細，要深入研究才能明白。佛門興衰，由於有戒無戒。犯戒比丘，如獅子身中蟲，自食獅子肉。所以佛將入滅說《涅槃經》，叫末世比丘以戒爲師，則佛法久住。

佛又說四依法，一糞掃衣、二常乞食、三樹下坐、四腐爛藥。此四種法是入道因緣，爲上根利器所依止，故名行四依，又名四聖種。此法能入聖道，爲聖之種。糞掃衣又名衲衣，凡火燒、牛嚼、鼠齩、死人衣、月水衣，爲人所棄，與拾糞之穢物同者。比丘拾之，浣洗縫治爲衣，曰糞掃衣。又補衲糞掃之衣片而著用之，故曰衲衣。比丘著此糞掃衣，不更用檀越布施之衣，在於離貪著也。

乞食，梵云「分衛」。《十二頭陀經》曰：「食有三種，一受請食、二眾僧食、三常乞食。若前二食，起諸漏因緣。所以者何？受請食者若得食，便作是念，我是福德好人故得。若不得食，則嫌恨請者，或自鄙薄，是貪愛法，則能遮道。若僧食者，入眾中當隨眾法，斷事擯人，料理僧事，心則散亂，妨廢行道。有如是等惱亂事故，應受常乞食法。」

樹下坐，不住房屋。日中一食，樹下一宿也。腐爛藥者，比丘有病不請醫，不吃新藥，只拾別人所棄之腐爛藥來吃。病醫得好不好，聽其自然。今世比丘，誰能守之？一有疾病，中醫西醫，特效藥滋補品都來了。四依法久無人行了。

梵語「比丘」，此云「除饉」，又云「乞士」、「破惡」、「怖魔」。比丘爲世福田，人若供一飯、聞一法，能除一切饑饉之災，故曰「除饉」。云「乞士」者？上從如來乞法以長慧，下就俗人乞食以資身，故名「乞士」。乞法，謂乞四念處、四正勤、四如意足、五根、五力、七覺支、八正道等三十七道品之法也。「破惡」，是把身口意所造十惡業破除之，轉爲十善業也。「怖魔」，謂比丘出家，脫離魔眷，魔震動驚怖也。

我們既成了比丘，誰能名符其實爲眞比丘呢？既出家爲了生死，就要依法行持。口而誦，心而惟。朝於斯，夕於斯，不要留戀世上的貪瞋癡愛，不要人我是非，好吃懶做。

五月二十六日

佛法是體　世法是用

孔子《論語》二十篇，第一句說：「子曰學而時習之。」「子」者，孔夫子，「曰」者，說也。孔子教人將學過的東西，時常溫習，語默動靜，念念不忘。若所學彷佛大意，功夫就不相應、不究竟了。世法佛法都是一樣，要學而時習之。佛法是體，世法是用。體是理，是眞諦。用是事，是俗諦。要知二諦融通三昧印的道理，不融通就落於偏枯。如離體表用，是凡夫凡情。離事講心，是不明心地。眞俗二諦，名目很多。眞是體，俗是用。戒定慧體用都得，都是一個心地中生出種種名字。若能融融會貫通，則條條大路通長安。

昔有僧問趙州：「如何是道？」州曰：「牆外底。」曰：「不問這個道。」師曰：「你問那個道？」曰：「大道。」

師曰：「大路通長安。」這裡說的是甚麼話呢？請參究參究。那個是道？會過來的處處都是佛法，不明白就滯在名相上。一天到晚勞碌奔波，種田博飯吃，與俗人何異？現在世人多是光頭，僧人穿的也是俗服，此外何處與俗人不同呢？古人說：「心田不長無明草，性地常開智慧花。」這就是通長安的大道，也就是與俗人不同處。

耕種的人，田裡有草如不拔去，就難望收成。修行人把心田裡的無明草薅了。那智慧花就長得好、開得好，只要你不被境轉，情不附物，無明草就不長了。智慧花一開，則粗言及細語，總是說無生。古人行到說到，無空話講，一問一答，答在問處。吐露心機，都是妙用。我們心不在道，故被物轉而無智慧。若能痛念生死，全心在道。不分世出世法，是男是女，好看不好看。若一動念，即出鬼被情轉了。不分別即不隨情轉，作得主。

古人說：「你有拄杖子，我與你拄杖子。」這是表法。你妄想多了，就是你有拄杖子，爲了除你的妄想，就教你修數息觀、不淨觀、念佛觀、念佛、看經、禮佛、看話頭。給你修行的法門，就是與你拄杖子。你如用功到有把握，就落在無事甲裡，又成障礙，是要不得的。這就是你無拄杖子。我奪你拄杖子，病好不用藥，就是奪拄杖子，不如是則執藥成病。太陽老人說：「莫守寒巖異草青，坐卻白雲宗不妙」也。參禪念佛，都要時時刻刻口誦心惟。開言吐語，不分別是非。終朝解脫，不煩惱，不生心動念，是有功夫。若無把握而被境轉，就苦惱了。用功不得受用，處處波浪滔天。

昔佛印禪師入室次，蘇東坡適至。師曰：「此間無坐處。」蘇曰：「暫借佛印四大爲座。」師曰：「山僧有一問，學士道得即請坐，道不得即輸玉帶。」蘇欣然請問。師曰：「四大本空，五蘊非有，居士向甚麼處坐？」蘇遂施帶，師答以一衲。蘇述偈曰：「病骨難將玉帶圍，鈍根仍落箭鋒機。欲教乞食歌姬院，且與雲山舊衲衣。」東坡雖聰明，答不出話，是他腳未踏實地。同參們！如何能腳踏實地呢？只有口誦心惟，朝斯夕斯的幹！

六月初二日

參學的人若無試金石　必從邪論墜

佛滅度後，法住世間有三階段。正法一千年，像法一千年，末法一萬年。《善見論》云：「由度女人出家，正法唯有五百歲。由世尊制比丘尼行八敬法，正法還得千年。問：千年已，正法爲都滅耶？答：不都滅。於千年中得三達智，復千年中得愛盡羅漢，無三達智。復千年中得阿那含，復千年中得斯陀含，復千年中得須陀洹，總得一萬年。初五千歲學而得道，後五千歲學而不得道。於一萬歲後，一切經書文字滅盡，但現剃頭袈裟法服而已。」

潙山老人說：「所恨同生像季，去聖時遙。」潙山老人在唐朝，去佛已千餘年，是像法時期。一切事情變遷，水久蟲生，法久成弊。《付法藏經》云：阿難比丘化諸眾生，皆令度脫，最後至一竹林中，聞有比丘誦《法句經》偈云：「若人生百歲，不見水潦鶴。不如生一日，而得覩見之。」阿難聞已，慘然而歎，世間眼滅，何其速哉。煩惱諸惡，如何便起，違反聖數，自生妄想。此非佛語，不可修行，汝今諦聽，我演佛偈。「若人生百歲，不解生滅法。不如生一日，而得解了之。」爾時比丘，即向其師說阿難語。師告之曰：「阿難老朽，智慧衰劣，言多錯謬，不可信矣！汝今但當如前而誦。」阿難後時，聞彼比丘猶誦前偈……即入三昧，推求聖德，不見有人能迴彼意。便作是言：「異哉！無常甚大，劫猛散壞，如是無量賢聖，今諸世間，皆悉空曠。常處黑闇，怖畏中行，邪見熾盛，不善增長。誹謗如來，斷絕正教，永當沈沒生死大河。開惡趣門，閉人天路，於無量劫受諸苦惱。我於今日，宜入涅槃。」

《楞嚴經》指出末法時代，「邪師說法，如恒河沙。」「阿難當知，是十種魔，於末世時，在我法中，出家修道。或附人體，或自現形，皆言已成正偏知覺，讚歎淫欲，破佛律儀。先惡魔師與魔弟子，淫淫相傳。如是邪精，魅其心腑，近則九生，多逾百世，令眞修行總爲魔眷。命終之後，必爲魔民，失正偏知，墮無間獄。」

經中說九生百世者，一生一百年，一世三十年。今佛曆已是二千九百八十二年，就是百世魔王出現之時。佛滅不久，《法句經》偈就有誦爲水潦鶴的。時至今日，其訛誤更多了。水潦鶴，就是鷺鷥鳥，見之有何意義？解生滅法，能離苦海。故有百歲不解，不如一日能解。所謂有智不在年高，無智空長百歲也。

末法邪師，各各自謂是善知識。當參學的人，若無試金石，必從邪淪墜。只見境風浩浩，摧殘功德之林，心火炎炎，燒盡菩提之種。末世求道，眞不容易。溈山老人說：「遠行要假良朋，數數清於耳目。住止必須擇伴，時時聞於未聞。故云：生我者父母，成我者朋友。親附善者，如霧露中行，雖不濕衣，時時有潤。」孔子亦曰：「三人行，必有我師焉。擇其善者而從之，其不善者而改之。」他好跟他學，不會帶壞你。不相干的人，種種習氣，臭不可聞。和他接近日久，自己也會臭。近朱者赤，近墨者黑，近香染香，近臭染臭。善友粗言及細語，皆歸第一義，故宜親近。末法行人，如我們者，比魔外的本領也比不上。

《楞嚴經》說，色陰盡者，「於其身內，拾出蟯蛔。身相宛然，亦無傷毀。」「於時忽然，十方虛空，成七寶色，或百寶色，同時徧滿，不相留礙。」「忽於夜半，在闇室內，見種種物。」受陰盡者，能反觀其面，各有十種禪那現境，叫著五十種陰魔。迷不自識的，則「謂言登聖，大妄語成，墮無間獄。」老子說的「其中有精」和孔子說的「空空如也」，是見到識陰的道理。羅漢五陰俱盡，已出三界。我們色陰未盡，與道隔得很遠。我慚愧，不過比你們癡長幾歲，弄到一個虛名。你們以爲我有甚麼長處，以我爲宗就苦了。我比《楞嚴》所說的妖魔外道都不如，比祖師更不如。所以每每教你們參學的，要帶眼識人，又要有雙好耳，聽法能辨邪正。然後將所見所聞的，放進一個好肚裡，比較他的是非得失，修行就不會走錯路，不上僞善知識的當。

現正是末法時代，你到那裡訪善知識呢？不如熟讀一部《楞嚴經》，修行就有把握，就能保綏哀救。消息邪緣，令其身心，入佛知見，從此成就，不遭歧路。又全經前後所說著重在一個「淫」字，說「若諸世界，六道眾生，其心不淫，則不隨其生死相續。汝修三昧，本出塵勞，淫心不除，塵不可出。縱有多智，禪定現前，如不斷淫，必落魔道。」看《楞嚴經》若不歸宗，跑馬看花，就不中用。要讀到爛熟，就能以後文消前文，以前文貫後文，前後照應，則全經義理，了然在目。依經作觀，自得受用。

古來行人，從此經悟道的很多。溫州仙巖安禪師，因看「知見立知，即無明本，知見無見，斯即涅槃。」當時破句讀云：「知見立，知即無明本。知見無，見斯即涅槃」。於此忽有悟入，後人語師云：「破句讀了也。」師云：「此是我悟處。」畢生讀之不易，人稱之曰「安楞嚴」。希望同參們，無論老少，常讀《楞嚴》。此經是你隨身善知識，時聞世尊說法，就和阿難作同參。

六月初三日

謗法、輕法、慢法都不對

古人說：「莫待老來方學道，孤墳多是少年人。」人到年老時，百般痛苦。耳不聰，眼不明，四肢無力，吃不得，睡不得，行不得。這種苦楚，年輕人是不曉得的。我年輕時和你們一樣，看見老來呆，總不願意。說話他聽不到，眼淚水和鼻涕，看見就噁心，怕和老人一塊住。現在我老了，才知道老的苦，人老了就一天不如一天。我從雲門出事後，也是一天不如一天。久已是一朝臥疾在床，眾苦縈纏逼迫。朝夕思忖，前路茫茫，道業未成，生死不了。一口氣不來，又要投生。「萬般帶不去，唯有業隨身。」少年不修，晚年就會如此。你我現在都是堂堂僧相，容貌可觀，皆是宿植善根。感斯異報，就不要把這善根種子打失了。

洞山問僧：「世間甚麼物最苦？」僧云：「地獄最苦。」山云：「不然，向此衣線下不明大事始是苦。」能明大事，即無地獄因。故地獄未爲苦，而不了自心最爲苦也。想明大事，就要努力精進，不要悠悠忽忽。兀兀度時，白天應緣遇事要作得主，白天能作主，夢中才作得主。夢中作得主，以至病中作得主，則臨命終時才作得主。這幾樣作得主，是由平時能強作主宰而來的。能強作主宰，就易悟道了生死。不悟道，生死不能了。悟道不難，總要生死心切。具長遠堅固向道之心，至死不退。今生能不退，雖未悟，來生再努力，何有不悟之理。

《楞嚴經》二十五圓通，位位都是經過久遠劫來，長期修習才成功的。我們生死心不切，不發長遠心。病來知念生死，病好道念就退了。所以《楞嚴經》說凡夫修行「猶隔日瘧」。病時有道，病退無道。無明起時如瘧，退則好人。故要努力精進，生懺悔心、堅固心。不要今日三明日四，修行要一門深入，以一門爲正，諸門爲助。各修一門，彼此不互謗。謗法、輕法、慢法都不對。欲想佛法興，除非僧讚僧，互謗是佛法的衰相。

佛子專心向道，痛念生死，衣不足，食不足，睡不足。昔裴休丞相，送子出家，子是翰林，拜潙山祐祖，名法海。裴丞相訓以警策箴云：「衣食難，非容易，何必千般求細膩。清齋薄粥但尋常，粗布麻衣隨分際，別人睡時你休睡，三更宿盡五更初，好向釋迦金殿內。」潙山老人要他每天挑水供養大眾。有一天，他挑水挑得太累了，心裡說，和尚吃水翰林挑，縱然吃了也難消。回來時，潙山老人問他：「你今天說甚麼話？」法海答曰：「沒有說甚麼！」後來潙山老人揭穿他心裡的話，並說：「老僧一打坐，能消萬擔糧。」所以出家人不管你出身怎樣富貴，到了佛門，就要放下一切，專心向道，才算是本色禪和。

六月十六日

佛說一大藏經　無非講因果二字

佛說一大藏經，無非講因果二字，詳細分析起來，就無窮無盡。營事比丘，寧自啖身肉，終不雜用三寶之物，作衣鉢飲食。我以前化緣，隨人歡喜布施，除多補少，顛顛倒倒的用。今在此妄作妄爲，建法堂，起茅蓬，修廁所牛欄等等。所用的錢，從何處來呢？我守法令不敢剝削，不寫信號召化緣，做甚麼功德，除鑄鐵瓦有人代化過緣也沒有化夠。他們監工的拿去旁的地方用，我也不准，怕遭報應。窯上燒磚，爲修大殿用的。如拿去作別處用，也怕招因果。經上說：「上物下用報應重，下物上用報應輕。」如塑佛像的用去作殿宇，作殿宇的用去作僧寮。這就是上物下用，相反的就是下物上用，上下之分要認眞。

年輕人修不修放在一邊，因果要緊，雲居山志上載，即庵慈覺禪師，蜀人，初出川行腳時，欲上雲居，先宿瑤田莊。夢伽藍安樂公告曰：「汝昔在此山，曾肩一擔土，今來只有一粥緣。」次日午後上山，晚粥罷，值旦過寮相諍，聞於寺司。凡新到例遭斥逐，覺心竊疑訝，逾十年，得法於臥龍先禪師。有南康太守張公，亦蜀人。與師親舊，適雲居虛席。請師開法，師欣然應之，以爲前夢不驗矣。卜次日上山，當晚宿麥洲莊，忽然遷化，塔至今存焉。近爲水淹，一石尚存。他這件事跡，留給後人看，證明因果絲毫不錯。

昨夜的空話，本可不講的。因爲政府根究，所以不得不說，不是我享受了供眾之物。有信在此，可以查看。所化九百五十三元三角中，無衣服款，除買蓑衣縫紉機及支付運費外，所餘五百元，作買米用了。以前悟源當家，大家說他不理事，大眾襪子都沒得穿了。要開會討論，調整調整。決定每人每年犒勞兩套衣服。分上半年一套，下半年一套。通過決議後，去信廣州縫七十套衣服給大眾師用。回信說，買布有限制，待辦好託人帶來。最近已帶來了。爲甚麼還不發給大家呢？因爲初定規章發衣服，以後改定發單錢。給各人自己去做衣服，已拿買米的錢發給大家了。所以現存的衣服，留待下半年才發，並且現在不止七十人，故七十套衣服不夠發，也不能發了。直純的信，還說有鞋襪，都被一人收下了。這也因爲人多鞋襪少，不夠發就不發，等將來湊夠數才發。既知一粥之緣都有因果，我豈敢錯因果，怕大家不明眞相，所以又講講這些空話。

現在國家公佈了兵役法，年輕人都有些心不安了。要知因果不昧，當不當兵都有前因，著甚麼急呢？從前幾朝都有僧兵，如少林五台等處是也。查唐太宗李世民爲秦王時，曾用少林寺僧兵平王世充。及後封有功僧十三人，封曇宗爲大將軍，仍不去僧號。至明成祖賜姚廣孝名，始易冠服。而廣孝退食，仍穿僧衣。至今北京姚少師祠，於紗帽紅袍上，仍覆袈裟也。

至滿清入關後，中國有青衣僧黃衣僧之分。漢僧是青衣，蒙藏是黃衣。國家重用黃衣，清朝僧兵不用青衣，改用黃衣兵。亦有名無實，未曾出過役，只領兵費。現在政府也看重黃衣僧，我們青衣僧也沾黃衣僧的光。從前麗江五臺山少林寺，是招集僧兵的地方。明太祖以少林寺僧有武術，也在少林招僧兵。清朝把喇嘛定居在五臺山，北京旃檀寺封提督軍門，五臺山菩薩頂、靖海寺也有喇嘛提督軍門都統的職位，受國家的餉，北京雍和宮也領餉。義和團起義有很多喇嘛僧兵，起初打勝仗，燒天主耶穌教堂，後來失敗，由教徒燒殺旃檀寺。這是一報還一報。民國三十年，湖南湖北各省就抽僧兵，當時我向中央伸辯才得免抽。

現在公佈兵役法，僧人不當兵是不可能的了。日本全國皆兵，分為現役兵、預備兵等，人人皆替國家服務，無一人吃空飯的。我國似日本，將來也是全國皆兵。和平運動和得了，當兵是空話。和不了，難免打仗。兵者不祥之物，不得已而用之。當必須用兵之時，誰也躲不脫。

民國三十一年我在雲門，時局緊張，年輕人怕當兵，百多僧人同住，我無主宰了。我死不要緊，要把年輕人安置好才對，即到後山與山上猺人相商，因他們向不與政府來往。我和他們聯絡，想到他們那裡蓋茅蓬，以便年輕人有躲避當兵之所。我上山時大雨傾盆，給他們散供養。他們很歡喜，答應我們來蓋茅蓬，祖師肉身也好保護。後來就在山上分散開蓋了幾處茅蓬，準備有災難就上山去。過了幾年，都沒有事。這是自己無主宰，空擔心過慮。後來寺中幫工，知道山上有茅庵，去報告政府，給我大帽子戴，說我造反，該死。

現在兵役問題又來了。聽天由命，不要驚慌。前生若種了當兵的因，今生決逃不了當兵的果。而且一切唯心，法法都能成聖賢。當兵也一樣修行，僧俗都是這一個色殼子。所不同者，有沒有酒色財氣而已。草堂和尚頌曰：「樂兒本是一形軀，乍作官人乍作奴。名相服裝雖改變，始終奴主了無殊。」戲子只一個身，忽而變男，忽而變女，忽而扮官，忽而扮奴。貧富貴賤，千奇百怪。雖服裝不同，還只是一個戲子。八識心王，等於戲子。眾生色身，如戲臺上人物。識得戲子，做甚麼也好，決不隨境分別，妄生憎愛，處處都是道場。關雲長是兵，也成了武聖人。不學好的，如秦檜、曹操，雖是狀元、宰相也下地獄。心好處處好，心壞處處壞，當兵不當兵，何必介意。

六月二十三日

難與不難是對待法

辦道這一法，說難也難，說易亦易，難與不難是對待法。古人眞實用心，一點不爲難。因爲此事本來現成，有甚麼難呢？信不及就爲難了。若眞正爲求了生脫死而辦道，能把自身看輕，了身如幻。一切事情看得開，不被境轉，辦道就容易。人沒有不想學好的，誰也想成聖賢，誰都怕入地獄。但想是一回事，做又是另外一回事，很多人行起來就爲難。

何以呢？比如世人說好話，恭喜發財，富貴榮華，誰都喜歡。若說你家破人亡等不祥話，誰都不願意，可見人人都想好，但何以偏向壞處跑呢？這只由放不下罷了。古來各城市都有城隍廟，簷下掛一個大算盤，是要和人算善惡帳的。有一匾額寫道：「你又來了」。兩柱有一副對聯：「人惡人怕天不怕，人善人欺天不欺。」又：「天堂有路，人人不肯去。地獄無門，各各要進來。」凡人常動機謀弄巧妙，吃不得虧，事事都計較合算不合算。惡人誰也不敢接近，怕吃他的苦頭，讓他忍他散場了。但因果報應，天是不怕惡人的。

我們坐禪念佛，本爲了生死。由於無明貢高，不能忍辱，不除習氣。雖有修行善因，還免不了苦果，生死不了，隨業受報。所以說「你又來了」。本來在地獄受苦已畢時，十殿閻王吩咐過，叫你不要再來，再來沒有好事。由於你放不下，所以依舊犯罪，去了又來。世人愚迷，作惡不行善，遂招苦果。出家人是不是想出苦呢？如不想脫苦，何必入空門！入空門則了無一物可得，萬事皆休，還有甚麼天堂地獄！但如不證得四大皆空，五陰非有，就不算得入空門。

要入空門，最好多多研讀《楞嚴經》。全經前前後後，所說不離五陰，其中開五陰而說六入、十二處、十八界。內而身心，外而器界，不出色受想行識五陰。經中說凡說聖，說悟說魔，皆是闡明五陰非有，教我們照破五蘊皆空。最後說知有涅槃，不戀三界，指出五陰魔邪，無一不是說五陰。色陰中，淫色是生死根本，殺盜淫妄是地獄根本。五陰照空，即脫生死，不復輪迴。如何照呢？照是覺照，時時刻刻。依經所說，用智慧觀照五陰，照得明明白白的，就見五蘊皆空了。在觀照之初，未能全無妄想。這不要緊，古人說：「不怕念起，只怕覺遲。」若妄念一起，你能覺照，就不隨妄轉。不能覺照的，坐香怕腿痛，禮佛怕腰酸，躲懶偷安。天堂路不通，自然要進地獄。

寒山大士詩云：「人問寒山道，寒山路不通。夏天冰未釋，日出霧朦朧。似我何由屆，與君心不同。君心若似我，還得到其中。」寒者寒冷，冷到夏天冰還未釋，日出還霧。我這一片冰心，與君不同。君能似我，就能到寒山中，否則寒山路不通。學道之人要見五蘊皆空，首先要灰心冷意。縱使炎天如烈火，難消冰雪冷心腸，才能與道相應。

昔閭丘胤出牧丹邱，臨途之日，乃縈頭痛，醫莫能治。乃遇一禪師名豐干，言從天臺山國清寺來，特此相訪，乃命救疾。師乃舒容而笑曰：「身居四大，病從幻生。若欲除之，應須淨水。」時乃持淨水上師，師乃噀之。須臾祛殄，乃謂胤曰：「臺州海島嵐毒，到日必須保護。」胤乃問曰：「未審彼地，當有何賢，堪爲師仰。」師曰：「見之不識，識之不見。若欲見之，不得取相，乃可見之。寒山文殊，遯跡國清。拾得普賢，狀如貧子，又似瘋狂，或去或來。在國清寺，庫院走使，廚中看火。」師言訖辭去。

胤乃進途，至任臺州，不忘其事。到任三日後，親往寺院，躬問禪宿，果合師言。到國清寺，乃問寺眾：「豐干禪師院在何處？並拾得寒山子，現在何處？」時僧道翹答曰：

「豐干禪師院在經藏後，即今無人住得。每有一虎，時來此吼。寒拾二人，現在廚中。」僧引胤至豐干禪師院，開房惟見虎跡。遂至廚中竈前，見二人向火大笑，胤便禮拜。二人連聲喝胤，自相把手，呵呵大笑叫喚，乃云：「豐干饒舌！豐干饒舌！彌陀不識，禮我何爲。」僧徒奔集，遞相驚訝，何故尊官，禮二貧士？時二人乃把手出寺，即歸寒巖。胤乃重問僧曰：「此二人肯止此寺否？」乃令覓訪，喚歸寺安置。胤乃歸郡，遂置淨衣二對，香藥等物持送供養。時二人更不返寺，使乃就巖送上，寒山子高聲喝曰：「賊！賊！」退入巖穴，乃云：「報汝諸人，各各努力。」入穴而去，其穴自合，莫可追之，拾得又跡沈無所。乃令僧道翹等，具往日行狀，唯於竹木石壁書詩，並村墅人家廳壁上所書文句三百餘首，及拾得於土地堂壁上所書偈言，並纂集成卷，流通世上。

據寒山自己說：「五言五百篇，七字七十九。三字三十一，都來六百首。一例書巖石，自誇云好手。若能會我詩，眞是如來母。」又云：「家有寒山詩，勝汝看經卷。書放屏風上，時時看一遍。」拾得詩云：「有偈有千萬，卒急述應難。若要相知者，但入天臺山。巖中深處坐，說理及談玄。共我不相見，對面似千山。」

寒山拾得的詩，流傳到今，一向受人尊重，儒家亦多愛誦之。他倆大士出口成文，句句談玄說理。不要把它作韻語讀，若作韻語讀，則對面隔千山了。

六月二十五日

我們定功一點都沒有 怎能度衆生呢

地藏王菩薩發大誓願：「眾生度盡，方證菩提。地獄未空，誓不成佛。」一切菩薩也如此發心。我們每天上晚殿也發願說：「眾生無邊誓願度，煩惱無盡誓願斷。法門無量誓願學，佛道無上誓願成。」凡佛弟子，無不發此誓願。證果深淺大小不同，皆由願力深淺、依願行持大小而定。佛由眾生修成，眾生能依願行持，就是菩薩，就能成佛。

既然成佛人人有分，何以一切菩薩發願度眾生，度來度去，總度不盡呢？因眾生之「眾」字，由三個「人」字合成。三人成眾，眾生之數，無窮無盡。十法界中，除佛法界外，其餘九法界都屬眾生。上三界是聖人，已出生死苦海，不受輪迴，餘六界都未出生死。九法界內有三聖法界，尚有微細習氣未盡，所以都屬衆生。習氣有深淺，上三界淺，下六界深。習氣深重，業障重故，故叫苦惱衆生。這些衆生，死去生來，不得休息，勢難窮盡，其數量亦復難知。

嵩嶽元珪禪師對嶽神說：「佛七能三不能。佛能空一切相成萬法智而不能即滅定業，佛能知群有性窮億劫事而不能化導無緣，佛能度無量有情而不能盡衆生界，是爲三不能也。」又說：「定業亦不牢久，無緣亦是一期。衆生界本無增減，且無一人能主有法。有法無主，是謂無法。無法無主，是謂無心。如我解佛亦無神通也，但能以無心通達一切法爾。」既衆生界本無增減，則度衆生亦無所謂盡不盡也。

《六祖壇經》解釋四弘誓願曰：「衆生無邊誓願度……所謂邪迷心、誑妄心、不善心、嫉妒心、惡毒心，如是等心，盡是衆生。各須自性自度，是名眞度。」「又煩惱無盡誓願斷。將自性般若智，除卻虛妄思想心是也。又法門無量誓願學。須自見性，常行正法，是名真學。又無上佛道誓願成。既常能下心，行於眞正，離迷離覺，常生般若。除眞除妄，即見佛性，即言下佛道成。」佛果禪師曰：「究竟佛亦不立，喚甚作眾生？菩提亦不立，喚甚作煩惱？翛然永脫，應時納祜。」古人如此說話，何以我們做不到呢？只是不肯除習氣，放不下，作不得主，沒有覺照。在不妄中自生虛妄，但能動靜忘懷，則水清月現了。

政和二年，嘉州奏風雷折古樹，中有定僧，爪髮被體，詔輿至禁中。譯經三藏金總持，令擊金以覺之，詢其名，曰：「我廬山遠法師弟慧持也，因遊峨嵋至此。」問欲何歸？曰：「陳留古樹中。」詔以禮送之。因圖形制讚云：「七百年來老古錐，定中消息許誰知。爭如隻履西歸去，生死何勞木作皮。」

達摩祖師，梁朝普通七年，由西天航海到中國。因梁武帝問法機緣不契，便渡江，居洛陽少林寺，面壁而坐。越九年，以正法眼藏傳付二祖，化緣既畢，遂端坐而逝，葬熊耳山，起塔少林寺。其年，魏使宋雲從天竺經葱嶺回，見祖手攜隻履，翩翩而逝，雲問師何往？師曰：「西天去。」雲歸，具說其事。及門人啓壙，棺空，唯隻履存焉，詔取遺履少林寺供養。後人圖祖師像，亦畫手攜隻履。達摩面壁，慧持入定，功夫深淺不同。七百年定功，不可謂不深矣，猶不及隻履西歸。我們比慧持定功又相隔甚遠，定功一點都沒有，怎能度眾生呢？努力放下用功吧！

修行人要先除我相

六月二十七日

佛未出世時，爲邪法而在眞理之外的外道，印度計有九十六種。謂外道六師，各有十五弟子，師弟子之數相加，共九十六也。又稱九十五種外道者，謂九十六種中，有一與佛法通，故除去此一而稱九十五也。九十五種外道，各各宗旨不同，都說修行。理路都搞不清楚，議論顚顚倒倒，還有人跟他學。中國古代軒轅黃帝，訪崆峒山廣成子，也說修道。伏羲畫八卦也說是道，李老君爲周朝柱下史也講道。中外古今講道的人很多而有淺深不同，與佛相較就差得很遠。

談起佛教的緣由是這樣的。教主釋迦牟尼佛，姓刹利，父淨飯王，母摩耶。刹利氏自天地更始，閻浮州初闢以來，世代爲王。佛歷劫修行，値然燈佛授記，於此劫作佛。後於迦葉佛世，以菩薩成道，上生覩史陀天，名護明大士。及應運時，乃降神於摩耶，當此土周昭王二十四年，甲寅四月初八日。自摩耶右肋誕生，生時放大光明，照十方世界，地涌金蓮承足，一手指天，一手指地，周行七步，目顧四方。曰：「天上天下，唯吾獨尊。」年十九，二月八日，欲求出家，而自念言：「當復何遇？」即遊四門，見老病死等事，心生悲厭，作是思惟：「此老病死，終可厭離。」於是夜子時，有淨居天人，於窗牖中，叉手言曰：「出家時至，可去矣！」於是諸天捧所乘馬足，超然淩虛，逾城而去。曰：「不斷八苦，不成無上菩提。不轉法輪，終不還也。」

入檀特山修道，始於阿藍迦藍處三年，學不用處定，知非便捨。復至鬱頭藍弗處三年，學非非想定，知非亦捨。又至象頭山，同諸外道，日食麻麥。經於六年，然後夜覩明星，豁然大悟，成等正覺。二月八日，世尊前行至波羅奈國鹿野宛中，度五比丘，初為憍陳如說四聖諦法。汝今應當知苦斷集，證滅修道。當佛三轉四諦十二行法輪時，憍陳如得法眼淨，世尊重為四人廣說四諦，亦得法眼淨。時五人白佛，欲求出家，世尊呼彼五人：「善來比丘，鬚髮自落，袈裟著身，即成沙門。」佛復為說五蘊無常，苦空無我，皆漏盡意解，成阿羅漢，於是世間始有五阿羅漢。以後又度耶舍長者子朋黨五十人，優樓頻螺迦葉師徒五百人，那提迦葉師徒二百五十人，伽耶迦葉師徒二百五十人，舍利弗師徒一百人，大目犍連師徒一百人。此一千二百五十人，先事外道，後承佛之化度而得證果。於是感佛之恩，一一法會，常隨不離。故諸經之首，列眾多云千二百五十人俱。

我們跟佛學，現在都是出了家，但出家有四種。一、身出家心不出家，身參法侶，心猶顧戀。二、身在家心出家，雖受用妻子，而不生耽染。三、身心俱出家，於諸欲境，心無顧戀。四、身心俱不出家，受用妻子，心生耽染。

我們自己檢查一下，看這四料簡中是那一類呢？我慚愧，身雖出家，幾十年騙佛飯吃，表面出了家，內心未入道，未證實相理體，未能四大皆空，未能如如不動。這就是心未出家。

我就是這樣苦惱，還有和我一樣的，可見身心俱出家就爲難了。古來身在家心出家的大居士，如印度的維摩詰、月上女、末利夫人、韋提希夫人，中國的龐蘊、宋仁宗、張襄陽，都是深通佛法、居塵不染塵。身心俱出家的大祖師多了，都是佛門模範，爲後人欽式，弘法利生，作大佛事，功德無量；其身心俱不出家的就不要說了。眞出家的實在難，能成大器的更不易。扣冰古佛說：「古聖修行，須憑苦節。」黃蘗老人說：「不是一番寒徹骨，怎得梅花撲鼻香？」故出家人能做到底也不容易。

了生脫死，門路很多。《楞嚴經》有二十五圓通，就有二十五法門。門路雖多，總不出宗教律淨。宗是禪宗，教是講經，律是持戒，淨是念佛。這四法最當機，禪宗雖是直下明心見性，動靜一如，頭頭是道。就禪來說，差別也多。還有邪正大小，種種不一，講經也一樣。要到大開圓解，一念三千，性相融通，事理無礙。念佛亦要念到一心不亂，當下親證唯心淨土，自性彌陀，入薩婆若海，一切法門都離不了持戒。《楞嚴經》說：「攝心爲戒，如不斷淫，必落魔道。如不斷殺，必落神道。如不斷偷，必落邪道。若不斷其大妄語者，因地不眞，果招紆曲。我今先說入三摩地，修學妙門。求菩薩道，要先持此四種律儀。皎如冰霜，自不能生一切枝葉。心三口四，生必無因。」

佛門舊制，比丘出家，五夏以前，專精戒律。五夏以後，方許聽教參禪。何以如此呢？因爲修行以戒爲體。戒是出生死的護身符，沒有戒，在生死苦海中就會沈淪汨沒。佛曾以戒喻渡海浮囊，不能有絲毫破損，浮囊稍破，必定沈溺。所以宗、教、淨三宗及一切法門，都以戒爲先。但戒定慧三法不能偏廢，要三法圓融才得無礙。持戒若不明開遮，不通大小乘，不識因時制宜種種妙用，死死守戒，固執不精，成爲錯路修行。三學圓明，才得上上戒品。種種法門，皆不出一心。所以一法通則萬法通，頭頭物物盡圓融。一法不通則一切不通，頭頭物物黑洞洞。一心不生，萬法俱悉。能如是降伏其心，則參禪也好、念佛也好、講經說法、世出世間，頭頭是道，隨處無生，隨處無念。有念有生，就不是了。

修行人要先除我相。若無我相，諸妄頓亡。我執既除，更除法執。我執粗，法執細。平常講話，開口就說我甚麼、我甚麼。若無我，則甚麼都瓦解冰消，那一法都無礙。由能無我也就無人，習氣毛病也無有了。既爲佛子正信出家，求出離法，就要努力忘我，勿爲境轉，勿在煩惱中過日子。佛子若不降伏其心，則一念錯誤，毫釐有差，天地懸隔，一失足成千古恨。如救頭燃，嚴守律儀，如保護渡海浮囊，不容有一點破損。

七月初八日

叢林下的把戲會用就好

我是一個閒人，常住甚麼事都與我不相干。與大眾有緣，在堂裡擺擺閒談。百丈大智老人，以禪宗肇自少室。至曹溪以來，多居律寺。雖別院，然於說法住持未合規度，於是別立禪居。古人一片婆心，爲了培育人才而定規矩、立次序。時至今日，認爲這一套是老腐敗，壓制人才，要剷除他、打倒他。若留戀舊規矩的，就是腦筋未醒。新舊二法，彼此衝突，今古不相容。

佛世制戒，爲除習氣。法流東土，因時制宜。百丈創清規，用以輔助戒律而設。既有規矩，得成方圓，一舉一動，不越雷池一步。一切威儀次序，人情禮節，動止施爲，勤除習氣。百丈清規，至今千多年。水久蟲生，法久成弊，世道不古，借清規舞弊。所以有人起來反對，另創新規矩，究竟是規矩不好？還是人不好呢？若人不好，有再好規矩也無用。若人好，何用更立甚麼新規矩呢？可見規矩本無好醜，只是人有好醜罷了。禪和子參禪，禪是靜慮，要在靜中思慮好歹，擇善而從。一切在我，法法皆妙。我若不好，甚麼法都會成弊。世間法也是一樣。法本不壞，由於人心壞，習氣多，好法都成爲壞法了。凡事能三思而後行，就不至於胡作妄爲。立法不是死的，如醫生一樣。要對症下藥，藥不對症，就要吃死人。所以醫生治病，死執古方是不行的。古云：「藥無貴賤，愈病者良。」先聖建叢林，立清規，定次序，安職位，如國家立法一般，非常周密。

今天七月初八日，諸位職事首領，照叢林規矩，要到方丈，向和尚客客氣氣的退職。這裡不是叢林，又無鐘板，何以要攪這套把戲呢？我是一個野人，甚麼事都與我不相干，還和你顚倒甚麼？你們說也有理，認爲職事有請就有退，是老規矩。每年正月初八，七月初八都是退職日子。初十請職，十二復職，十三送職，十六出堂。當職當了一期，辛辛苦苦，退了職，好歇歇氣。叢林下小請職大請職等等規矩很好，初發心的可以參學參學。請職有序職列職先後次序，又有有請有退、有請無退之別。肯發心的人，不管這些，古來叢林住持，由國家送的多，公舉的也有，但不多。

現代沒有這把戲，住持一當就不退，就在方丈養老，當家也是一當當幾十年。天甯寺定老和尙，傳幾位法徒，高朗當家當到死。冶開和尙當都監許多年，光緒二十一年當方丈當到死。英與和尙光緒十二年當方丈當到死，霜亭和尙光緒二十二年受戒，直到方丈，幾十年沒有退職，還不是由你發心。妙湛當司水二十一年，當維那十八年，後昇首座沒有退。湖南超勝在江天寺當僧值十三年，別人退職他不退，常住大眾歡喜他，說他是活菩薩。

叢林下的把戲會用就好，不會用就變成死法。大家有緣在一塊，有粥吃粥，有飯吃飯。出坡開田，如自己小廟一樣，有甚麼職可請，有甚麼職可退，有甚麼班首班腳呢？放下吧！不要玩這套假把戲了，還講甚麼方丈扁丈等等空話。我只是吃空飯，和你們一樣，向我退職做甚麼？

昔有一老宿，蓄一童子，並不知規則。一日，有一行腳僧到，乃教童子禮儀。晚間老宿外歸，遂去問訊。老宿訝，問童子：「阿誰教你？」童曰：「堂中某上座。」老宿喚僧來問：「上座傍家行腳，是甚麼心行？這童子養來二三年了，幸自可憐生。誰教上座教壞伊？裝來裝去，去！」黃昏雨淋淋地被趕出。

法眼云：「古人憑麼顯露些子家風，甚怪。且道意在於何？」一有動作威儀，就不是本來面目了。聖也不可得，何凡之有。騰騰任運，動靜無心。聖凡能所，智慧愚癡，煩惱菩提，皆是如如之道。大眾會得麼？執著便刺手。

七月初十日

憎心一起 道心就退

今日有幾位廣東居士，入山禮佛，供齋結緣，請我上堂說幾句話。我是空空如也的，謹略述《四十二章經》一部分的故事，與各位結緣。

佛言：「人有二十難：貧窮布施難、豪貴學道難、棄命必死難、得覩佛經難、生值佛世難、忍色離欲難、見好不求難、被辱不瞋難、有勢不臨難、觸事無心難、廣學博究難、除滅我慢難、不輕未學難、心行平等難、不說是非難、會善知識難、見性學道難、隨化度人難、覩境不動難、善解方便難。」

誰能過此難關，誰就了脫生死。生值佛世，何以說難呢？

若無善根福德因緣，不說遇著佛，遇菩薩羅漢也難。《智度論》云：「舍衛城有九億家，三億明見佛，三億信而不見，三億不見不聞。」佛二十五年在彼尚爾，若得多信，利益無窮。佛在舍衛城二十五年，尚有三億家不見不聞的，以其無善根福德因緣。故雖生值佛世，尚不見不聞。與佛同時在世，相隔很遠，不見佛不聞佛的人更多。故無善根之人，雖生佛世也無用處。而且就算在佛身邊，爲佛弟子，若不依教奉行，也會招墮。如提婆達多是佛的兄弟，善星比丘爲佛侍者二十年，不修行還墮地獄。城東老母與佛同年同月同日同時生，與佛無緣，不願見佛。可知見佛聞法之難了。

現今佛不在世，善知識代佛弘法，親近之也能了生脫死。但善根淺薄的，會善知識也難，縱有緣見面聞法，不明所說之義也無益處。華嚴初祖杜順和尚是文殊菩薩化身，有弟子親近很久，不知他的偉大。一日告假，要朝五臺山禮文殊去，師贈以偈曰：「遊子漫波波，臺山禮土坡。文殊祇這是，何處覓彌陀。」弟子不會意。

及至五臺山腳，見一老人謂之曰：「文殊今在終南山，杜順和尚是也。」弟子趨歸，師已於十一月十五日坐亡，至今關中於是日作文殊忌齋。不具眼識人，雖在善知識面前也認不得他是善知識。

又太陽警玄禪師座下，平侍者心地不好，結果叛師離道，收場在三岔路上被老虎吃掉。已會善知識可算不難了，但不依教修行，雖會善知識也無用處。

貧窮布施難，豪貴學道難。因貧窮的雖欲布施，有心無力，勉強布施就會影響自己的生活，所以爲難。豪貴人家有力布施，不能放下身心去學道也是爲難。難易是對待法，精進勇猛，有大願力，難的會變爲易。疏散放逸，悠悠忽忽，易的也變爲難。難之與易，在人不在法。貴能融通，則一切無礙。貧的是前世不施，故感今果，正應盡力布施。豪貴的人身份高，辦事不爲難，正好學道。

佛弟子阿那律，此云「無貧」，或曰「如意」。他過去劫中貧窮，一日在田裡幹活，其妻送來稗子飯。適有一辟支佛僧，向他化飯。他說：「這飯很粗，不堪供養大德，請到我家另供好飯吧！」僧曰：「現已正午，若到汝家便過了午。過午我不能吃，就化你這稗子飯吃好了。」他就以稗子飯供養此僧。因此功德，感果九十一劫生天爲天王，世世無貧，世世如意。做人王天王不稀奇，由供僧種下善根，得爲釋迦佛座下弟子。聞法悟道成羅漢，天眼第一，這更難得。

以一飯之因，就有如是好果。貧窮布施，比富貴布施功德更大，可見能打破難關，則貧窮布施亦非難也。菩薩修六波羅蜜，以布施波羅蜜爲首，布施之義，說來很多。略說有三。一財施，捨財濟貧也。二法施，說法度他也。三無畏施，救人之危難也。又。一淨施。謂布施時，不求世間之名譽福利等報，但爲資助出世之善根及涅槃之因，以清淨心而布施也。二不淨施。謂以妄心求福報而行布施也，身尚能捨，身外之物更不消說了。來的四位廣東居士，千山萬水，朝山禮佛，布施結緣，已經難得。既爲求出離法而來，則要發長遠心，有進無退，恭敬三寶，不要分相。見好的固然要敬，見不好的也莫起憎心。有憎愛心，就有煩惱。就脫不了生死。憎心一起，道心就退，不可不愼！

七月十一日

難不難在乎一念

昨日說《四十二章經》中的二十難，會過來，難會變易。難易是對待法，難中有易，易中有難，在各人所用不同。不講別的，就講貧窮布施難吧。佛弟子行菩薩道，布施為六度之首，施者捨也。四無量心，慈悲喜捨，捨就是布施，捨就能解脫。因為一切皆非我有，能內外盡捨，自然解脫，布施又有甚麼難？

佛在世時，有一對窮夫妻，窮到不得了，住的是破草房，勉強能避風雨。穿的兩人僅共一條下裙，沒有上身衣服，出門只能一人穿裙，一人赤身露體留在家裡。所以二人每日輪流出門乞食，也就輪流穿這一條下裙。化飯化得多，二人吃得飽就歡喜，也常有化不夠吃不飽的時候，甚至化不到而餓肚子也有。有一比丘，已證羅漢果，知他二人多生多劫未種善根，所以這生貧窮到此地步。特來度他，向他化緣，令他種福。這對夫妻見此比丘在門外化緣，男的招呼他在門外稍等，回來和妻子商量道：「我二人前世不修，今生如此貧苦，今生若再不修，將來必然更苦。但想布施種福，又沒有東西可供布施，二人共只有這一條裙，若布施了，便不能出門，二人都要餓死。但若不布施，生亦無用。不如以此僅有之物，誠心供僧，種種善根，死亦値得。」其妻同意，男子於是從破房洞中，伸出頭來，向比丘說：「大德，請慈憫我，望將此裙代我送去供佛。」比丘憫而受之，持供世尊。

時世尊正與頻婆娑羅王說法，受此供養，即向大眾宣布彼夫妻往劫因緣。他們雖未種善根，只今以一念誠心，盡其所有，施下此裙，其福無量。王聞此事，著二人前往看彼夫妻，見其裸體餓睡地上，因救護之，給以衣食，同詣佛所，見佛聞法，即證果位。他二人窮是窮極了，但能把布施難這一關打破，就獲如此利益，可見難不難在乎一念，沒有一定的。

昔明代羅殿撰有《醒世詩》曰：「急急忙忙苦追求，寒寒暖暖度春秋。朝朝暮暮營家計，昧昧昏昏白了頭。是是非非何日了，煩煩惱惱幾時休。明明白白一條路，萬萬千千不肯修。」這雖是淺白文章，似乎沒有很深的道理，但全把我們業障鬼一生的行爲描寫出來，誰人能脫離這詩的窠臼，誰就是大解脫人。

七月十七日

把大領衣舊規矩保存下來

就以我自己而言，一生感果苦得很，常生慚愧，怕錯因果，還落因果。少年就想住茅蓬，放下萬緣偷安度日，結果還是放不下，逃不掉因果。庚子年隨光緒皇帝到陝西，嫌市朝太煩，故第二次又上終南。到嘉五台結廬，改名隱跡，把茅廬弄好，以為可以安居不動了。但因果不由你，還是隱不住，只得如充軍一樣，遠遠的跑，跑到雲南雞足山。那裡萬里無雲的境界，以為躲脫世事了，豈知又出頭興叢林。事情弄好了，還是站不住腳，又跑到大理府還宿債。地方弄好了，又跑到昆明。昆明弄好了，又跑到福建鼓山，革除弊習，結大冤仇，遭昧良者，弄出殺人放火來反對，才把事情平息。以為從此可以放下無事得安靜了，詎料又跑到廣東南華寺。

千辛萬苦把房子修好了，又撞到雲門，恢復祖庭，還是還債。那裡想到會禍從天降，逼得我不跑也要跑。可見世上做人，業障是有定數的。進北京裝烏龜就好了，又伸出頭來輔助和平會，發起中國佛教協會，把大領衣舊規矩保存下來，可已了願。

其時多次夜夢，舉手拉木頭豎柱子。由於失覺照，妄想紛飛，在京留不住。又到上海、杭州、蘇州，辦和平法會。後來到廬山避暑，還夢上梁修造，因聽議將雲居劃爲林場，不忍祖庭廢滅，又來還宿債。才知屢夢上梁豎柱，受報有定。直純的私信，我是不管的。試想我們出家人，還是貪名貪利。人我是非，比俗人不如，好不慚愧。家醜揚出去，被人輕慢，這就可恥了。

遺言・戒

一九五九年農曆九月十二日
江西雲居山真如禪寺

遺言：戒

一九五九年農曆九月十二日，至十二時半，虛雲老和尚喚侍者一齊進來，舉目遍視。有頃曰：「你等侍我有年，辛勞可感。從前的事不必說了，我近十年來，含辛茹苦，日在危疑震憾之中，受謗受屈，我都甘心。祇想爲國內保存佛祖道場，爲寺院守祖德清規，爲一般出家人保存此一領大衣。即此一領大衣，我是拼命爭回的。你各人今日皆爲我入室弟子，是知道經過的。你們此後如有把茅蓋頭，或應住四方，須堅持保守此一領大衣。但如何能夠永久保守呢？祇有一字，曰：『戒。』」說畢，合掌，道珍重。諸人含淚而退。

國家圖書館出版品預行編目資料

參禪：盧雲老和尚禪七開示 / 盧雲老和尚作. --
初版.-- 臺北市：方廣文化, 2013.09　面；　公分
ISBN 978-986-7078-48-3(平裝)
1.禪宗 2.佛教說法 3.佛教修持

226.65　　102016447

參禪 盧雲老和尚禪七開示

作　　者：盧雲老和尚
出　　版：方廣文化事業有限公司
通訊地址：10699台北市大安區青田郵局第120號信箱
電　　話：02 2392-0003
傳　　真：02 2391-9603
劃撥帳號：17623463　方廣文化事業有限公司
電子信箱：*fangoan@ms37.hinet.net*
網　　址：*www. fangoan. com. tw*
設　　計：鎏坊工作室
經 銷 商：聯合發行股份有限公司
電　　話：02 2917-8022
傳　　真：02 2915-6275
出版日期：2024年5月 初版4刷
定　　價：新台幣260元（平裝）
行政院新聞局出版登記證：局版臺業字第六〇九〇號

◎如有缺頁、破損、倒裝請電：(02) 2392–0003
No：ZA01　ISBN：978-986-7078-48-3
Printed in Taiwan

方廣文化出版品目錄〈一〉

夢參老和尚系列
書籍類

● 華 嚴

H203 淨行品講述
H324 華嚴經梵行品新講
H205 華嚴經普賢行願品講述
H206 華嚴經疏論導讀
H255 普賢行願品大意
H208 淺說華嚴大意
HP01 大乘起信論淺述
H209 世主妙嚴品(三冊)【八十華嚴講述 ①②③ 】
H210 如來現相品・普賢三昧品【八十華嚴講述④】
H211 世界成就品・華藏世界品・毘盧遮那品【八十華嚴講述⑤】
H212 如來名號品・四聖諦品・光明覺品【八十華嚴講述⑥】
H213 菩薩問明品【八十華嚴講述⑦】
H214 淨行品【八十華嚴講述⑧】
H215 賢首品【八十華嚴講述⑨】
H301 升須彌山頂品・須彌頂上偈讚品・十住品【八十華嚴講述⑩】
H302 梵行品・初發心功德品・明法品【八十華嚴講述⑪】
H401 升夜摩天宮品・夜摩宮中偈讚品・十行品・十無盡藏品【八十華嚴講述⑫】
(H501～H903 陸續出版中......)

● 楞 嚴

LY01 淺說五十種禪定陰魔—《楞嚴經》五十陰魔章
L345 楞嚴經淺釋 (全套三冊)

● 天台

T305 妙法蓮華經導讀

方廣文化出版品目錄〈二〉

夢參老和尚系列

書籍類

● 地藏三經

地藏經

D506 地藏菩薩本願經講述（全套三冊）
D516 淺說地藏經大意

占察經

D509 占察善惡業報經講記（附HIPS材質占察輪及修行手冊）
D512 占察善惡業報經新講

大乘大集地藏十輪經 D507（全套六冊）

D507-1 地藏菩薩的止觀法門（序品 第一冊）
D507-2 地藏菩薩的觀呼吸法門（十輪品 第二冊）
D507-3 地藏菩薩的戒律法門（無依行品 第三冊）
D507-4 地藏菩薩的解脫法門（有依行品 第四冊）
D507-5 地藏菩薩的懺悔法門（懺悔品 善業道品 第五冊）
D507-6 地藏菩薩的念佛法門（福田相品 獲益囑累品 第六冊）

● 般 若

B411 般若波羅蜜多心經講述
B406 金剛經
B409 淺說金剛經大意
B412 應無所住：金剛經十四堂課

● 開 示 錄

S902 修行（第一集）
Q905 向佛陀學習（第二集）
Q906 禪・簡單啟示（第三集）
Q907 正念（第四集）
Q908 觀照（第五集）

方廣文化出版品目錄〈三〉

地藏系列

D503 地藏三經（經文版）
（地藏菩薩本願經、大乘大集地藏十輪經、占察善惡業報經）

D511 占察善惡業報經行法（占察拜懺本）—（中摺本）

華嚴系列

H201 華嚴十地經論
H202 十住毘婆沙論
H207 大方廣佛華嚴經（八十華嚴）—（全套八冊）

般若系列

B402 小品般若經
B403A 大乘理趣六波羅蜜多經
B404A 能斷金剛經了義疏（附心經頌釋）
B408 摩訶般若波羅蜜經（中品般若）—（全套三冊）

天台系列

T302 摩訶止觀
T303 無量義經（中摺本）
T304 觀普賢菩薩行法經（中摺本）

部派論典系列

S901A 阿毘達磨法蘊足論
Q704 阿毗達磨俱舍論（全套二冊）
S903 法句經（古譯本）—（中摺本）

瑜伽唯識系列

U801 瑜伽師地論（全套四冊）
U802A 大乘阿毗達磨集論
B803 成唯識論
B804A 大乘百法明門論解疏
B805 攝大乘論暨隨錄

憨山大師系列

HA01 楞嚴經通議（全套二冊）

方廣文化出版品目錄〈四〉

密宗系列

M001 菩提道次第略論釋 (全套四冊)
M002 勝集密教王五次第論
M003 入中論釋
M004 大乘寶要義論 (諸經要集)
M006 菩提道次第略論
M007 寂天菩薩全集
M008 菩提道次第廣論
M010 菩提道次第修法筆記
M011 白度母修法 (延壽法門修法講解)
M012 中陰-死亡時刻的解脫
M018 菩提道次第廣論集註 (卷一～卷十三)
M019 佛教的本質-《佛教哲學與大手印導引》
M020 業的力量 -(與死亡的恐懼共處)

能海上師系列

N601 般若波羅蜜多教授現證莊嚴論名句頌解
N602 菩提道次第論科頌講記
N345 戒定慧基本三學
N606 能海上師傳
N607 現證莊嚴論清涼記
N608 菩提道次第心論

論頌系列

L101 四部論頌
(釋量論頌 現證莊嚴論頌 入中論頌 俱舍論頌)
L102 中觀論頌 (中摺本)
L103 入菩薩行論頌 (中摺本)
L104A 彌勒菩薩五部論頌
L105A 龍樹菩薩論頌集
L106 中觀論頌釋
R001 入中論頌 (小摺本)

方廣文化出版品目錄〈五〉

南傳佛教系列

SE05 七種覺悟的因素
SE06 南傳大念處經 (中摺本)
SE07 三十七道品導引手冊《阿羅漢的足跡增訂版》
SE08 內觀基礎《從身體中了悟解脫的真相》
SE09 緬甸禪坐《究竟的止觀之道》(增訂版)

其他系列

Q701 單老居士文集
Q702 肇論講義
Q703B 影 塵－倓虛老法師回憶錄
Q705 佛學小辭典 (隨身版)
ZA01 參 禪《虛雲老和尚禪七開示》
ZA02 禪淨雙修《虛雲老和尚開示錄》
Z005《禪宗公案》－李潤生著